Seghers | Transit

Lektüreschlüssel XL

für Schülerinnen und Schüler

Anna Seghers

Transit

Von Swantje Ehlers

Reclam

Dieser Lektüreschlüssel bezieht sich auf folgende Textausgabe:
Anna Seghers: *Transit. Roman.* Berlin: Aufbau, [7]2021.

Lektüreschlüssel XL | Nr. 15555
2024 Philipp Reclam jun. Verlag GmbH,
Siemensstraße 32, 71254 Ditzingen
Druck und Bindung: Esser printSolutions GmbH,
Untere Sonnenstraße 5, 84030 Ergolding
Printed in Germany 2024
RECLAM ist eine eingetragene Marke
der Philipp Reclam jun. GmbH & Co. KG, Stuttgart
ISBN 978-3-15-015555-4

www.reclam.de

Inhalt

1. Schnelleinstieg

Autorin	Annette (Netty) Reiling, geboren am 19. November 1900 in Mainz, gestorben am 1. Juni 1983 in Berlin. Pseudonym: Anna Seghers
Erscheinungsjahr	1944 in englischer und spanischer Sprache, 1947 in deutscher Sprache als Zeitungsabdruck und 1948 als Buchfassung
Gattung	Exilroman
Ort und Zeit der Handlung	1940/41 in Marseille
Erzählaufbau	Erzählrahmen und Binnengeschichte, 10 Kapitel mit 78 Unterkapiteln
Adaptionen	• drei Verfilmungen • ein filmisches Dokument • in Hörspiel • eine dramatische Adaption

Inhalt

Der Roman handelt vom Schicksal von Exilanten und Exilantinnen während des Zweiten Weltkrieges 1940/41 in Marseille. Als politisch, religiös und rassisch Verfolgte hoffen sie auf eine rettende Schifffahrt nach Übersee und kämpfen verzweifelt um Ausreisegenehmigungen, Schiffskarten und Transitvisa.

Der Ich-Erzähler

Im Mittelpunkt steht ein namenloser Ich-Erzähler, der 1937 aus einem KZ in Deutschland nach Frankreich geflüchtet ist. Er entkommt einem Arbeitslager und flieht 1940 mit einem gefälschten Pass vor der deutschen Wehrmacht nach Marseille. Aufgrund eines Missverständnisses wird er für den toten Schriftsteller Weidel gehalten und bekommt dessen Visum, Schiffspassage und hinterlegte Kaution.

Marie

In Marseille begegnet er einer Frau und verliebt sich in sie. Sie ist die Frau von Weidel, den sie in Paris verlassen hat und mit einem Arzt weitergereist ist. Vom Tod ihres Mannes weiß sie nichts, auch nicht, dass der Erzähler die Identität von Weidel angenommen hat. Da sie ohne ihren Mann keine Ausreisepapiere erhält und die Behörden ihr bestätigen, dass er sich in Marseille aufhält, sucht sie ihn überall.

Die Entscheidung

Der Erzähler wirbt vergebens um Marie, da sie innerlich an ihren Mann gebunden ist. Sie reist mit dem Arzt auf der Montréal ab im festen Glauben, ihren Mann auf dem Schiff oder in Übersee wiederzutreffen. Der Erzähler beschließt zu bleiben und auf der Farm einer befreundeten französischen Familie zu arbeiten und sich gegebenenfalls dem politischen Widerstand anzuschließen. Dem Gerücht nach ist die Montréal untergegangen.

Erzählsituation

Eröffnet wird der Roman mit einer Erzählsituation, in der der Ich-Erzähler einem Unbekannten rückblickend seine Geschichte erzählen möchte. Eingelagert in seinen Bericht ist eine Reihe von Fluchtgeschichten anderer. Am Ende ist er wieder in der Erzählgegenwart angekommen und der Erzählrahmen wird geschlossen.

Fiktion und Realität

Anna Seghers verarbeitet in dem Roman zeitgeschichtliche Ereignisse und eigene Exilerfahrungen in Frankreich und verknüpft sie zu einer Romanfiktion, deren Gegenstand die Exilsituation 1940/41 in Marseille ist.

2. Inhaltsangabe

Der Roman spielt während des Zweiten Weltkriegs 1940/41 in der südfranzösischen Hafenstadt Marseille. Die Stadt ist überlaufen von Flüchtlingen, die vor den Nationalsozialisten und der näher rückenden deutschen Wehrmacht im Juni 1940 aus dem Norden Frankreichs in die unbesetzte Zone im Südwesten geflohen sind. Sie möchten fort aus Europa, wo sie nicht mehr sicher sind.

Erstes Kapitel

Im Mittelpunkt des Romans steht ein namenloser Ich-Erzähler, der 27 Jahre alt ist und Monteur von Beruf. Wegen eines Faustschlags gegen einen Mann der SA (Sturmabteilung) kam er in ein deutsches Konzentrationslager, aus dem er 1937 nach Frankreich geflüchtet ist. Dort wurde er als Ausländer in einem französischen Arbeitslager inhaftiert. Als die deutschen Truppen 1940 näher rückten und das Lager bombardiert wurde, konnte er mit anderen Häftlingen aus dem Lager fliehen. Auf der Flucht in den Süden wurden sie von deutschen Truppen eingeholt. Der Erzähler ging zurück nach Paris und fand Unterschlupf bei der Familie seiner früheren Freundin Yvonne Binnet.

In Paris trifft er auf seinen ehemaligen Mithäftling Paul Strobel, der ihn bittet, in einem Hotel zwei Briefe für den Schriftsteller Weidel, der sich illegal in Paris Paris

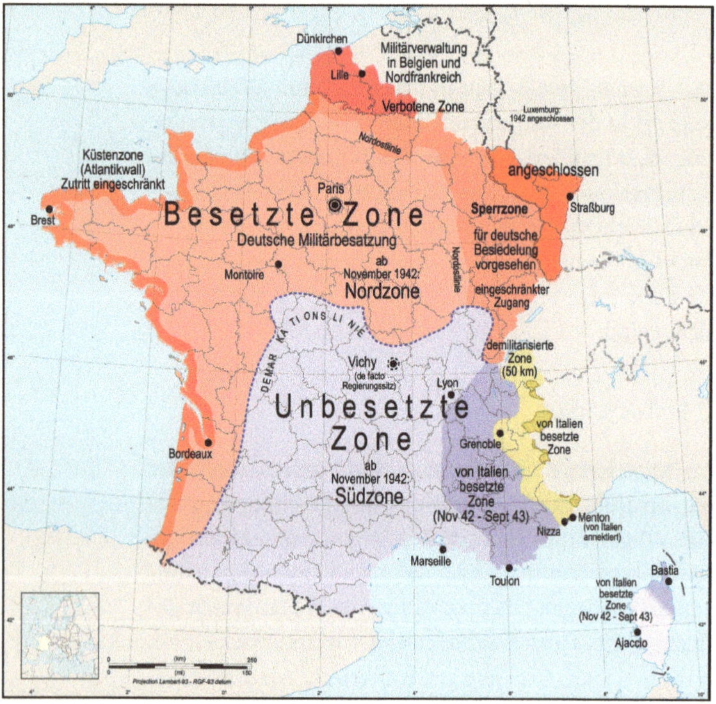

Abb. 1: Zonen in Frankreich im Jahr 1941. – Eric Gaba

aufhält, abzugeben. Er selbst kann die Briefe nicht überbringen, da er ein Buch gegen Hitler geschrieben hat und nun fürchtet, entdeckt zu werden. Der Erzähler übernimmt den Auftrag und erfährt im Hotel, dass Weidel beim Näherrücken der deutschen Wehrmacht Selbstmord begangen hat. Er nimmt den Handkoffer des Toten an sich.

Da Strobel nicht zur vereinbarten Verabredung kommt, kann der Erzähler ihm nicht den Koffer für die Frau von Weidel übergeben. Aus den Unterlagen erfährt er, dass Weidels Frau ihn verlassen hat und mit einem anderen Mann fortgegangen ist und dass der Verlag es abgelehnt hat, sein Manuskript zu veröffentlichen. Alle Papiere für Weidels Ausreise sind im mexikanischen Konsulat hinterlegt und die Schiffspassage ist bereits bezahlt. Seine Frau bittet Weidel, nach Marseille zu kommen, um mit ihr gemeinsam auszureisen. Der Erzähler liest das Manuskript des Schriftstellers und ist von der Lektüre angetan.

Unterlagen Weidels

Als die deutsche Wehrmacht 1940 den Norden Frankreichs besetzt, flieht der Erzähler mit den beiden Söhnen der Familie Binnet, denen die Deportation durch die Nazis droht, einem Freund und dem Vetter Marcel in den Süden.

Flucht in den Süden

Zweites Kapitel

In einem Dorf trifft der Erzähler seine frühere Freundin Yvonne wieder, die inzwischen mit ihrem Vetter verheiratet ist. Ihr Mann verhilft ihm zu einem Flüchtlingsschein, der auf den Namen Seidler ausgestellt ist, und gibt ihm Geld, damit er nach Marseille weiterreisen kann.

In Marseille sucht der Erzähler Yvonnes Cousin Georg Binnet auf, der mit Claudine, einer Frau aus Madagaskar, und ihrem Sohn zusammenlebt, trifft ihn jedoch nicht zu Hause an. In einem Café begegnet

Marseille

er einem alten Kapellmeister, der ihn über Aufenthaltsgenehmigungen, Ausreisebedingungen und Visa aufklärt. Nach langem Suchen findet der Erzähler endlich ein Zimmer in einem Hotel.

Drittes Kapitel

Im Laufe der Zeit freundet sich der Erzähler mit Georg und seiner Familie an, besucht sie öfter und fühlt sich wohl bei ihnen. Zum Jungen fasst er eine Zuneigung, kümmert sich um ihn und macht ihm Geschenke von seinem wenigen Geld.

Konsulat

Im mexikanischen Konsulat wird er für Weidel gehalten und ihm werden dessen Auswanderungsdokumente ausgehändigt. Für das Visum braucht er noch den Nachweis, dass Seidler und der Schriftsteller Weidel ein und dieselbe Person sind. Der Erzähler ist unschlüssig, ob er bleiben oder abfahren soll. Eigentlich hat er kein Ziel und verachtet die vielen Anstrengungen der Exilantinnen und Exilanten in Marseille um Visa und Schiffsplätze.

Fremdenamt

Mit Hilfe eines *Sauf-conduit* (Passierschein), den ihm Yvonne besorgt hat, erhält der Erzähler im Fremdenamt eine vierwöchige Aufenthaltsgenehmigung für Marseille. Mit Hilfe der Bescheinigung des mexikanischen Konsulats über die Verzögerung der Identifikation von Seidler als Weidel erhält er einen Monat später ein erneutes Aufenthaltsrecht.

In einem Café trifft er zufällig Paul Strobel und bittet ihn, seine Kontakte zu Hilfsorganisationen zu nutzen, damit sie bescheinigen, dass Weidel der Künstlername des Schriftstellers ist und Seidler sein richtiger Name. Strobel regelt das und der Erzähler erhält von einem Hilfskomitee finanzielle Mittel für seinen Aufenthalt.

Identitätsnachweis

Inzwischen hat er die Bekanntschaft von Nadine gemacht, die als Verkäuferin in einem Kaufhaus arbeitet, und hat eine kurze Affäre mit ihr.

Nadine

Zufällig trifft er Heinz, der 1935 aus einem KZ fliehen konnte, im Spanischen Bürgerkrieg mitgekämpft hat und dabei ein Bein verlor. Auf der Flucht aus dem französischen Straflager haben ihn seine Kameraden getragen. Heinz ist gefährdet, da er auf der Auslieferungsliste der Deutschen steht (S. 85). Heinz gibt ihm einen gefälschten Entlassungsschein aus dem Lager, den der Erzähler für sein Ausreisevisum braucht.

Heinz

Viertes Kapitel

Als der Junge von Claudine krank wird, findet der Erzähler für ihn einen Arzt, der früher ein Dortmunder Krankenhaus geleitet hat. Der Arzt heilt den Jungen und der Erzähler bezahlt dessen Medikamente.

Der Junge

Der Erzähler verbringt viel Zeit im Café Mont Ventoux. Eines Tages beobachtet er eine Frau, die ruhelos umhersucht. Er ist fasziniert von ihr, hofft, sie im Café wiederzusehen, folgt ihr sogar, verliert sie jedoch in den Gassen der Hafenstadt.

Eine unbekannte Frau

Inzwischen ist seine Identitätsbescheinigung im mexikanischen Konsulat eingetroffen; ihm fehlt jetzt nur noch ein Transit für die USA und das Reisegeld.

Identitätsbescheinigung

Mit der Bescheinigung, dass er einen Antrag auf ein Transit gestellt hat, wird ihm ein weiteres Mal der Aufenthalt in Marseille verlängert.

Flüchtlinge im Hotel

Der Erzähler begegnet auf Konsulaten, im Reisebüro oder in den Cafés verschiedenen Menschen, die alle ihre eigenen Probleme mit der Beschaffung von Visa haben. Dazu gehört eine Frau mit zwei großen Doggen, die sie mit in die Vereinigten Staaten zu den Besitzern mitnehmen muss, weil sie auf deren Bürgschaft (*Affidavit*) angewiesen ist, um selbst ein Visum zu erhalten. Auch einen jüdischen Fremdenlegionär lernt er kennen, der ihm von seinen Erlebnissen in Afrika erzählt.

Fünftes Kapitel

Marie

Der Erzähler trifft den Arzt und geht mit ihm in eine Pizzeria. Die unbekannte Frau kommt hinzu und er erfährt, dass sie Marie heißt und die Freundin des Arztes ist, mit dem sie aus Paris hierher geflüchtet ist. Marie sucht nach ihrem Mann, ohne den sie nicht abreisen kann.

Eifersucht

Der Erzähler hat sich in Marie verliebt und ist eifersüchtig auf den Arzt. Um sie voneinander zu trennen, besorgt er dem Arzt eine Schiffspassage nach Oran (Algerien). Als der Erzähler wegen seines Transits in das amerikanische Konsulat geht, begegnet er das letzte Mal dem Kapellmeister, der zusammenbricht und stirbt, nachdem ihm wegen eines Fehlers das Ausreisevisum verweigert wurde.

Der Erzähler hat inzwischen die Identität von Weidel angenommen und seinen Visumsantrag und die Buchung seiner Schiffsreise auf den Namen Weidel vorgenommen. Im Café Saint-Ferréol trifft er zufällig Marie, die ihm von ihrer Trennung von ihrem Mann in Paris und dem Brief, den sie ihm aus Marseille geschrieben hat, erzählt. Der Erzähler begreift jetzt, dass sie die Frau von Weidel ist, den sie hier sucht. Durch die Behörden hat Marie erfahren, dass sich ihr Mann in Marseille aufhält und sich um Ausreisepapiere bemüht. Der Erzähler klärt sie nicht darüber auf, dass ihr Mann tot ist.

■ Marie – Weidel

Der Erzähler geht auf das Konsulat der Vereinigten Staaten, um sein Transit zu beantragen. Nach einem Verhör durch den Kanzler wird er auf den 8. Januar 1940 bestellt. Er beobachtet den Abtransport des toten Kapellmeisters.

■ Konsulat der Vereinigten Staaten

Sechstes Kapitel

Der Erzähler trifft wiederholt Leute, mit denen er einst aus dem Lager geflohen ist. Dazu gehört Heinz, der Probleme hat, nach Lissabon zu kommen, weil er als ehemaliger Spanienkämpfer nicht durch Spanien reisen darf. Der Erzähler bietet ihm die Schiffspassage nach Oran an, die eigentlich für den Arzt gedacht war, in der Absicht, ihn von Marie zu trennen. Auf dem mexikanischen Konsulat bittet der Erzähler darum, Marie als seine Begleiterin auf dem Visum nachtragen zu lassen.

■ Passage nach Oran

Die Schriftsteller Paul Strobel und Hermann Ach-

■ Achselroth

selroth halten sich noch in Marseille auf, weil ihr Schiff in Kuba wegen ihrer gefälschten Papiere nicht anlegen durfte und sie zurückfahren mussten. Achselroth verfügt als erfolgreicher Theaterschreiber über viel Geld und hat andere bestochen, um sich und einige Freunde zu retten und ein Transit sowie eine Schiffspassage zu erhalten. Bei seiner Flucht aus Paris hatte Achselroth allerdings Weidel, dem er die Mitfahrt im Auto nach Marseille versprochen hatte, im Stich gelassen. Durch die Bürgschaft von Strobel und Achselroth erhält Weidel ein amerikanisches Transitvisum. Sie wissen nicht, dass Weidel tot ist.

■ Der Erzähler – Marie

Der Erzähler trifft Marie regelmäßig. Er fühlt sich zu ihr hingezogen, vermag ihr aber nicht die Wahrheit über ihren Mann zu sagen, obwohl er mehrfach dazu ansetzt. Marie erzählt ihm ihre eigene Geschichte, von ihrer Herkunft aus Limburg, wie sie Weidel kennengelernt und mit ihm 1933 nach Paris gegangen ist. Der Erzähler verspricht, sich um ein Visum für Marie zu bemühen.

Siebentes Kapitel

■ Abreise des Arztes

Der Arzt, der Erzähler und Marie treffen sich ein letztes Mal auf ein Glas Wein. Der Arzt will ohne Marie nach Martinique abfahren und bricht mit seinem Gepäck auf zum Schiff. Der Erzähler hofft auf ein gemeinsames Leben mit Marie, doch dieser Traum wird zerschlagen. Der Arzt kommt kurze Zeit später zurück, weil Offiziere einer Militärkommission die Kabinen, für die auch der Arzt eine Reservierung hatte, für sich in Anspruch genommen haben.

Der Erzähler ist enttäuscht, fühlt sich allein und unglücklich. Er fährt daher ins Gebirge zu seinem Freund Heinz, der inzwischen jedoch abgefahren und ›drüben‹ sicher angekommen ist, wie ihm später bestätigt wird (S. 298).

■ Fahrt ins Gebirge

Ein französischer Seidenhändler, der einst Weidel in Paris die beiden Briefe von Marie und Strobel überbracht hatte, sucht den Erzähler auf und fordert seine Spesen für diesen Auftrag zurück. Der Erzähler erstattet ihm die Ausgaben von dem Geld, das ihm der dicke Musiker von Achselroth für Weidel zugesteckt hatte.

■ Der Seidenhändler

Achtes Kapitel

Der Erzähler erhält im amerikanischen Konsulat sein Transitvisum, obwohl er gar nicht ausreisen möchte. Anhand mehrerer Figurenschicksale werden die Hürden der Dokumentenbeschaffung verdeutlicht. So darf eine jüdische Großfamilie nicht mit ihrer Großmutter ausreisen, weil diese, laut ärztlichem Attest, höchstens noch zwei Monate zu leben hat. Die Familie möchte sie nicht allein zurücklassen und beschließt, in Marseille zu bleiben; was am Ende den Tod für alle bedeutet.

Im Café Saint-Ferréol setzt sich ein Mittransitär, den der Erzähler vom Reisebüro und vom amerikanischen Konsulat her kennt, zu ihm und erzählt ihm seine Geschichte. Er besitze zwar alle wichtigen Ausreisedokumente, aber es fehle noch der Nachweis sei-

■ Der Mittransitär

ner Staatsbürgerschaft, die er aber nicht erbringen könne, weil sich die Staatsgrenzen seines Geburtsortes in Litauen inzwischen verschoben hätten und er daher nicht an einen gültigen Pass komme. Er habe beschlossen, in sein litauisches Dorf heimzukehren.

Spanisches Konsulat

Der Erzähler begibt sich in das spanische Konsulat für ein Transitvisum, das er jedoch nicht erhält, da Weidel einen Essay über Kriegsverbrechen der Armee während des Spanischen Bürgerkriegs verfasst hat.

Der Legionär

Im Café Mont Vertoux trifft er den Fremdenlegionär, der ihm seine Geschichte erzählt. Sie führt nach Afrika, zu einem Gang durch die Wüste, seiner Auszeichnung für seine Tapferkeit und seiner Entlassung wegen einer Verwundung. Sein Vater ist inzwischen verstorben und er kehrt jetzt zu seinen zwei alten Schwestern, die seine Hilfe brauchen, zurück. Währenddessen beobachtet der Erzähler Marie, die inzwischen ins Café gekommen war, ohne ihn zu sehen.

Brasilianisches Konsulat

Nach einer Razzia im Hotel geht er mit dem Legionär auf das brasilianische Konsulat. Der Legionär hatte von einem brasilianischen Schiff gehört, und der Erzähler hofft, mit Marie abfahren zu können. Sein Bemühen um eine Schiffskarte ist jedoch vergeblich. Der Erzähler geht zur Schifffahrtsgesellschaft Maritimes, um ein Schiff für die übernächste Fahrt zu buchen. Für das Ticket braucht er jedoch eine Ausreiseerlaubnis, ein *Visa de sortie*.

Maries Geschichte

Marie erzählt ihm bei einer zufälligen Begegnung von ihrem Zusammenleben mit Weidel in Paris. Als 1939 der Krieg ausbricht, bleibt er in seiner Pariser

Wohnung, während sie, um nicht deportiert zu werden, versteckt in einem Haus auf dem Land lebt. Dort lernt sie einen deutschen Arzt kennen, der ein Kind pflegt. Als die Wehrmacht vor Paris steht und sie Weidel, der nicht mehr in dem Haus lebte nicht finden kann, flüchtet sie mit dem Arzt nach Marseille. Sie glaubt fest, dass Weidel lebt. Sie selbst ist abfahrtbereit, besitzt ihr Visum und eine Schiffsbuchung, braucht nur noch das Transitvisum. Das Problem ist, dass das Datum für ihre Vorladung im amerikanischen Konsulat, am 8. des übernächsten Monats, erst nach der Abfahrt ihres gebuchten Schiffes am 2. Januar liegt und sie das Schiff verpassen würde (S. 186).

Neuntes Kapitel

Dem Erzähler gelingt es mit Hilfe von Achselroth, den amerikanischen Professor Whitaker dafür zu gewinnen, sich beim amerikanischen Konsul für Marie einzusetzen, dass sie rechtzeitig vor der Abfahrt ihres Schiffes ein Transitvisum erhält.

■ Transit für Marie

Seine Zimmernachbarin mit den zwei Hunden fährt ab nach Lissabon. Ein altes Ehepaar bezieht ihr Zimmer; sie wollen zu ihrem jüngsten Sohn in Kolumbien. Die Pläne des Legionärs, nach Brasilien auszuwandern, sind gescheitert. Obwohl er alle Papiere beisammen hat, auch das gewünschte Gesundheitsattest, erhält er kein brasilianisches Visum. Er muss noch einen Ariernachweis erbringen und will daher in sein altes Dorf zurückkehren. Bei Nadine hat er kein Glück.

■ Im Hotel

Marie

Der Erzähler trifft ein letztes Mal Marie, die inzwischen ihr amerikanisches Transitvisum erhalten hat. Allerdings taucht eine weitere Hürde auf: Sie erhält das Ausreisevisum nur, wenn ihr Mann das seine schon erhalten hat. Daher muss sich der Erzähler in seiner Rolle als Weidel um das letzte noch fehlende Dokument kümmern, damit Marie Marseille verlassen kann.

Rosalie

Der Erzähler wendet sich an Rosalie, eine Cousine von Nadine, die in der Präfektur arbeitet, und bittet sie um seine Ausreiseerlaubnis. Sie will wissen, warum die Deutschen ihn verfolgen und der Erzähler erzählt von sich und seiner Flucht aus dem deutschen Konzentrationslager über den Rhein nach Frankreich, der Inhaftierung und der Flucht aus dem Internierungslager.

Neue Hürde

Aus Angst, allein zurückzubleiben, geht der Erzähler auf das amerikanische Reisebüro und versucht, eine Schiffsbuchung für den Martinique-Dampfer zu erlangen. Das ist jedoch nicht möglich, weil sein Reisegeld in Lissabon hinterlegt ist und nicht rechtzeitig zur Verfügung stehen wird.

Zehntes Kapitel

Reiseticket

Am Schalter der Schifffahrtsgesellschaft trifft der Erzähler den jüdischen Mittransitär, der ihm sein Ticket für die Schiffsreise gibt, weil er selbst zurück in seine Heimat fahren will. Er versorgt ihn mit Reisegeld und einer Kaution, die der Erzähler für seine Ausreiseerlaubnis braucht und ohne die er kein Schiffsbillett erhalten würde. Dafür lässt er sich die in Lissabon für

Weidel hinterlegte Summe auf sein Konto überweisen. Der Erzähler eilt zum Fremdenamt, um sich die Ausreiseerlaubnis zu besorgen, dann zurück zur Transports Maritimes, um das Billett umzutauschen. Den Stempel vom Hafenamt erhält er, nachdem er seinen Entlassungsschein aus dem Lager vorgelegt hat. Nun hat er die erforderliche Bestätigung und darf endgültig abreisen.

Am Ende trifft er noch einmal Marie, die inzwischen ihre Ausreiseerlaubnis erhalten hat. Der Erzähler erzählt ihr endlich die Wahrheit über ihren Mann und seinen Selbstmord, aber Marie glaubt ihm nicht. Sie hat alle Papiere zusammen, ist zur Abreise bereit und in der festen Überzeugung, ihr Mann sei auf dem Schiff oder schon im mexikanischen Exil. Der Arzt und sie fahren mit der Montréal ab. Auf dem Schiff befinden sich auch Achselroth und das alte Ehepaar.

■ Die Wahrheit

Der Erzähler geht erneut zur Schifffahrtsgesellschaft und gibt seine Schiffskarte zurück. Am nächsten Morgen beauftragt er den Jungen, alle Reisepapiere und das Manuskript von Weidel in der mexikanischen Botschaft abzugeben. Er hat beschlossen, zu bleiben und auf der Pfirsichfarm von Marcels Verwandten unter dem Namen Seidler zu arbeiten. Er ist bereit, im Widerstand gegen die deutsche Besatzungsmacht, in der Résistance, mitzukämpfen.

■ Entschluss des Erzählers

Eines Tages besucht er Claudine, um ihr Gemüse und Obst zu bringen. Er geht noch einmal ins Mont Vertoux und hört dort, dass die Montréal untergegangen sein soll. Anschließend begibt er sich in die Pizzeria, in der der Roman seinen Anfang nahm, und erzählt einem Unbekannten seine Geschichte.

■ Besuch in Marseille

3. Figuren

Der Roman enthält ein umfangreiches Figurenarsenal. Hauptfiguren sind der Ich-Erzähler und Marie; Weidel und der Arzt stehen zu ihnen in Verbindung. Zu den Nebenfiguren gehören die früheren Mithäftlinge des Erzählers, einige Flüchtlinge, Einheimische und Vertreter der Bürokratie.

Die Hauptfiguren

■ Der Erzähler

Der Erzähler ist ein 27 Jahre alter namenloser Monteur. Von seiner Vorgeschichte sind nur die Inhaftierung und seine beiden Fluchten bekannt. Seine Mutter scheint noch zu leben. Politisch und moralisch lehnt er die Nationalsozialisten ab. Mit seiner Doppelidentität von Seidler und Weidel täuscht er andere. Im Rückblick steht er sich selbst und seinen Tricksereien kritisch gegenüber (S. 155). Er ist hilfsbereit und kümmert sich um den Jungen und Heinz, der ohne ihn nicht hätte abfahren können (S. 156). Nur durch ihn erhält Marie ihr Ausreisevisum und das Transit. Auf andere wirkt er positiv; sie vertrauen ihm und erzählen ihm ihre Geschichte. Er liebt Marie, wirbt um sie und tut alles, um sie für sich zu gewinnen. Der Arzt ist für ihn ein Rivale, den er ausstechen möchte. Auch zur Familie Binnet hat er eine gefühlsmäßige Bindung, insbesondere zu Claudines Jungen.

■ Eine widersprüchliche Figur

Der Erzähler ist eine widersprüchliche Figur. Während alle fortwollen, will er trotz der drohenden Todesgefahr bleiben. Als Monteur verfügt er zwar nicht über eine höhere Schulbildung, aber seine Sprache und Reflexion gehen über dieses Bildungsniveau hinaus. Sprache und Inhalte von Weidels Romanfragment reflektiert er wie jemand, der etwas von Literatur versteht. Wenn er das Hafengeschwätz in die lange Geschichte von »phönizische[m] Klatsch« oder »kretische[m], griechische[m] Tratsch« (S. 95) einreiht, dann scheint er mit der Entdeckung der südfranzösischen Küste durch phönizische Seehändler und der Entstehungsgeschichte von Marseille, die als Siedlung von Griechen gegründet wurde, vertraut zu sein.

Marie

Marie ist eine junge, attraktive Frau mit »braune[m] Haar« (S. 239) und »sanften grauen Augen« (S. 244), eine »anmutige[] Frau[]« (S. 154), wie der Kanzler sagt. Sie wird als eine wenig selbstbewusste Frau beschrieben, die zerbrechlich und schutzbedürftig wirkt. Der Erzähler ist sofort bereit, ihr zu helfen: »Ich werde jetzt gut auf Sie achtgeben.« (S. 151) Mehrfach werden ihr kindähnliche Züge zugeschrieben – vom Erzähler (S. 130, 148, 150) und von Achselroth (S. 249). Marie stammt aus Limburg an der Lahn und kommt aus gutbürgerlichen Verhältnissen. Sie hat den Schriftsteller Weidel zufällig kennengelernt und war von seiner Klugheit angezogen, auch wenn er äußerlich wenig ansprechend für sie war (»mürrisches Gesicht«, »kurze Gestalt«, (S. 178). Als sie beim Näherrücken der deutschen Wehrmacht allein und ängstlich durch Paris irrt, nimmt der Arzt sie mit auf seiner Flucht.

Francesco Weidel

Der Schriftsteller **Weidel** ist erklärter Gegner des Faschismus. Gegen den Diktator Franco hatte er einen Artikel verfasst, weshalb dem Erzähler in der Rolle von Weidel ein spanisches Transitvisum verweigert wird. Weidel ist ein Einzelgänger, der es gewohnt ist, allein zu leben und nicht geliebt zu werden (S. 178 f.). Er zieht in ein anderes Quartier, ohne es Marie mitzuteilen (S. 242) und wollte ohne sie flüchten, wurde aber von Achselroth zurückgelassen. Aus Angst vor den deutschen Truppen und Isolation begeht er Selbstmord.

Der Arzt

Der Arzt floh in den 1930er Jahren wegen seines jüdischen Glaubens vor den Nationalsozialisten nach Frankreich. Er hat graues Haar und ein junges Gesicht und strahlt Ruhe aus. Marie gefällt ihm und er nimmt sie mit auf seiner Flucht in den Süden. Er möchte mit Marie nach Mexiko gehen, um dort eine Abteilung in einem Krankenhaus aufzubauen. Er kämpft um Marie und ihre Zuneigung, aber auch mit ihrem Zögern und ihrer Unentschlossenheit. Er geht in seinem Beruf auf und ist bereit, auch ohne sie abzufahren (S. 190).

Mithäftlinge

Heinz

Heinz hat eine Vorbildfunktion für den Ich-Erzähler. Er ist Kommunist, war in einem KZ und Widerstandskämpfer im Spanischen Bürgerkrieg, wo er ein Bein verloren hat. Trotz dieser Einschränkung konnte er mit Hilfe anderer fliehen und vertraut auch in Zukunft auf die Solidarität anderer. Er hat ein politisches

Ziel und will eines Tages an gesellschaftlichen Veränderungen mitarbeiten. Für ihn gelten Werte wie Treue, Zuverlässigkeit und Solidarität.

Paul Strobel

Der Schriftsteller **Paul Strobel** hat »schwermütige[] braune[] Augen« und eine »dünne[] bebrillte[] Nase« (S. 166). Seine Familie wohnt in Cassis in der Nähe von Marseille. Durch einen Arbeitsunfall auf den Docks hat er einen leicht verschrumpelten Daumen (S. 18). Da er ein Buch und einen Artikel gegen Hitler geschrieben hat, erhält er das Danger-Visum für die USA für gefährdete Personen (S. 17). Seine leitende Funktion in einem Hilfskomitee ermöglicht es ihm, Weidel zu seinen Ausreisepapieren zu verhelfen. Am Ende ist er gefangen in Marseille. Da er aus Marseille ausgewiesen wurde, erhält er keinen Hafenamtsstempel (S. 296).

Hermann Achselroth

Achselroth ist für den Erzähler ein »ausnehmend schöner Bursche« (S. 18). Als erfolgreicher Theaterautor steht er finanziell sehr gut da und konnte den Chauffeur eines französischen Militärautos bestechen, ihm das Fahrzeug zu verkaufen. Auf seiner Flucht lässt er seine beiden Mitflüchtlinge zurück. Auch gegenüber Weidel bricht er sein Versprechen, ihn mitzunehmen, weil in seinem Auto wegen des Gepäcks seiner schönen Geliebten kein Platz mehr war (S. 169). Er ist jemand, der Beamte ›schmiert‹, um an die notwendigen Papiere zu gelangen, und der andere im Stich lässt (S. 19, 167, 250, 294). Am Ende geht er mit der Montréal unter.

Flüchtlinge in Marseille

Von den zahllosen Flüchtlingen werden mehrere hervorgehoben.

Der Kapellmeister

Der Kapellmeister ist alt und klein, stammt aus Prag und hat in Venezuela die Aussicht auf eine Anstellung. Er hat drei Söhne, von denen der eine verschollen ist, der zweite in England lebt und der dritte in Prag. Kurz vor seiner möglichen Abreise bricht er tot zusammen, weil ihm für sein Visum ein Foto fehlte (S. 124 f., 144 f.), das sich tragischerweise jedoch in seinen Unterlagen befindet und das er übersehen hatte.

Der Fremdenlegionär

Der jüdische **Legionär** hatte sich, um seinen Vater vor der Inhaftierung zu schützen, verpflichtet, zum französischen Heer zu gehen (S. 228). Seine Geschichte führt nach Nordafrika, wo er als Fremdenlegionär gegen die Faschisten kämpfte und im Marsch durch die Wüste anderen half zu überleben. Dadurch gewann er an Ansehen und erhielt einen französischen Orden. Da er nicht nach Brasilien ausreisen darf, weil ihm der Ariernachweis fehlt (S. 262 f.), kehrt er in sein altes Dorf zurück. Nach dem Tode seines Vaters hat er nur noch seine zwei alten Schwestern (S. 233 f.).

Die Frau mit den Doggen

Die Frau mit den zwei Doggen, mit denen sie ausreisen möchte, ist eine grelle, hässliche Frau mit schiefen Schultern. Der Erzähler nennt sie ironisch die »Diana der Konsulate« (S. 214). Doch ihre äußere Erscheinung steht im Gegensatz zu der schönen Diana, der Göttin der Jagd, zu deren Attribut zwei Jagdhunde gehören. Ihr gelingt die Überfahrt in die Vereinigten Staaten.

Der kahle Mittransitär

Der Mittransitär wird äußerlich durch seinen »kegelförmigen kahlen Schädel« und seine »kalten grauen Augen« (S. 278) charakterisiert. Sein Vater war Tierarzt (S. 221) und er ist auf einem Gut aufgewachsen. Er ist furchtlos, kraftvoll und durchsetzungsstark, z. B. lässt er den Erzähler nicht los, als er ihm seine Schiffskarte abtreten will (S. 277–279), bis alles geregelt ist und der Erzähler im Taxi sitzt (S. 279). Dreißig Jahre seines Lebens hat der ›Mittransitär‹, wie ihn der Erzähler nennt (S. 141), in anderen Ländern verbracht (S. 281) und will jetzt zurückkehren in sein Heimatdorf, das für ihn, den Juden, zu einem Ghetto wird.

Die Einheimischen

Georg Binnet und Claudine

Georg Binnet ist mittelgroß, kräftig und hat graue Augen. Er wurde arbeitslos und macht jetzt einen schlechtbezahlten Nachtdienst in einer Mühle. Er lebt mit **Claudine**, die aus Madagaskar stammt und in einer Zuckerfabrik arbeitet, und ihrem Knaben zusammen. Claudine ist nach Frankreich emigriert, um zu bleiben. Für sie ist Marseille »die Stadt zum Ankommen«, nicht »zum Abfahren« (S. 163).

Der Junge

Claudines **Junge** ist kränklich. Äußerlich wird er mit seiner »Haut aus dunklem Gold« (S. 63) als exotisch-schön dargestellt. Die gemeinsamen Unternehmungen mit dem Erzähler gefallen ihm. Er hat zum Arzt und zum Erzähler eine gefühlsmäßige Bindung und fühlt sich angesichts ihrer drohenden Abreise von ihnen alleingelassen.

Nadine

Nadine beschreibt der Erzähler äußerlich als schön, groß, blondhaarig mit großem Mund und gut gekleidet, auch charakterisiert er sie (S. 69 f.). Sie ist eine kurzzeitige Geliebte des Erzählers. Früher hat sie in derselben Zuckerfabrik wie Claudine gearbeitet, jetzt ist sie Verkäuferin in der Hutabteilung eines Warenhauses. Sie ist hilfsbereit und vermittelt dem Erzähler den Kontakt zu ihrer Cousine Rosalie.

Die Vertreter der Bürokratie

Von den Vertretern einer machtvollen Bürokratie heben sich drei positiv ab.

Rosalie

Rosalie ist eine dicke und wenig ansehnliche Frau mit hervortretenden schwarzen Augen, die in der Präfektur arbeitet. Innerlich überzeugt sie durch ihre Unbestechlichkeit und menschliche Wärme. Sie hilft aus Überzeugung, ohne Eigennutz und möchte Flüchtlinge vor den Nationalsozialisten schützen. Sie zeigt Interesse am Schicksal des Erzählers und verschafft ihm rechtzeitig die Ausreiseerlaubnis.

Der Kanzler

Der Kanzler im mexikanischen Konsulat ist klein, hat wache Augen, Witz und Scharfsinn. Er vertritt ein demokratisches Land, das Kommunisten Asyl gewährt. Der Kanzler scheint den Erzähler zu durchschauen. Am Ende lacht er, als der Junge ihm die Ausreisedokumente des Erzählers zurückbringt, als hätte er geahnt, dass der Erzähler nicht abfahren würde.

Professor Whitaker

Professor Whitaker leitet eine Hilfsorganisation in Marseille und verhilft Marie zum Transitvisum. Er ist gebildet und führt mit dem Erzähler ein Gespräch über Literatur und die Aufgabe eines Schriftstellers.

Figurenanordnung

Abb. 2: Figurenanordnung

4. Form und literarische Technik

Aufbau

Die Romanhandlung erstreckt sich von Juni 1940, der Besetzung Frankreichs, bis zur Abfahrt der Montréal im Frühjahr 1941. Der Roman ist komplex und in seinen ineinander verschachtelten Handlungsabläufen, der Vielzahl an Figuren und ihren Lebensgeschichten verwickelt. Er umfasst zehn Kapitel und 78 Abschnitte, die römisch beziffert sind und sich ungleich auf die Kapitel verteilen.

Der Roman beginnt mit seinem Ende: dem Gerücht um den Untergang der Montréal. Ein namenloser Ich-Erzähler befindet sich im Frühjahr 1941 in einer Pizzeria in Marseille und lädt einen Unbekannten ein, sich zu ihm an den Tisch zu setzen, um ihm seine Geschichte zu erzählen: »Erlauben Sie mir, Sie einzuladen. […] Setzen Sie sich bitte zu mir!« (S. 5). Damit wird ein Erzählrahmen eröffnet, der geschlossen wird, als der Erzähler seine Geschichte beendet hat.

■ Mündliche Erzählsituation

Indem der Ich-Erzähler den Unbekannten zu einem Glas Wein und Pizza einlädt und ihm die Wahl des Platzes vor dem Feuer oder mit Blick auf den Alten Hafen lässt, inszeniert er eine Erzählsituation, in der er sich und den anderen verankert und eine räumliche Nähe erzeugt. Er unterstellt seinem stummen Zuhörer, mit dem Land und der Stadt vertraut zu sein: »Sie kennen ja selbst das unbesetzte Frankreich aus

■ Der fiktive Zuhörer

dem Herbst 1940« (S. 38), und schafft damit eine gemeinsame Verständigungsbasis.

Der Erzähler unterbricht wiederholt seine Geschichte und springt in die Gegenwart der Erzählsituation in der Pizzeria, um den fiktiven Hörer anzusprechen. Seine Anreden sind eine Mischung aus Kommentar (»Ich hatte schon immer Marseille sehen wollen«, S. 43), Selbstreflexion (»Ich kann mir heute selbst nicht mehr erklären, wie ich mich dermaßen fürchtete.«, S. 11), Reflexion auf das Erzählen (»Haben Sie bitte Geduld mit mir! Ich werde bald auf die Hauptsache kommen.«, S. 11), Entschuldigung für Abschweifungen (»Bitte verzeihen Sie diese Abschweifung! Wir stehen dicht vor der Hauptsache.«, S. 15), Sorge, den Zuhörer zu langweilen (» – ach nein, ich werde Sie lieber nicht langweilen.«, S. 27), Nachfragen und Rückversicherungen (»Wollen Sie, dass ich Nadine beschreibe?«, S. 100). Die Häufigkeit der Anreden nimmt im Verlaufe des Erzählberichts ab. Damit tritt die mündliche Erzählsituation hinter die erzählte Geschichte zurück.

■ Direkte Kommunikation

Die Geschichte des Erzählers führt zu seiner Flucht aus Deutschland, dem französischen Lager, seinem Aufenthalt in Paris, der Hinterlassenschaft des toten Schriftstellers bis zu seinen Erlebnissen in Marseille und der Begegnung mit Marie. Aber das ist nur ein Teil des Erzählten.

■ Die erzählte Geschichte

Zum Erzählbericht gehören auch die vielen Geschichten von Flüchtlingen, denen er in Cafés, Hotels und Warteräumen von Konsulaten begegnet und die

■ Fluchtgeschichten

ihm vom Unerhörten, das ihnen widerfahren ist, von Flucht, Gefahr und Tod erzählen: die Frau mit zottigem Haar, die ihr Kind bei der Evakuierung in Paris verloren hat (S. 93 f.), die jüdische Familie, die bleibt (S. 215 f.), und ein Mann, dessen Ehefrau inhaftiert wurde (S. 102). Unter den vielen Fluchtgeschichten stechen die des Kapellmeisters (S. 48 f.), der Frau mit den zwei Doggen (S. 103 f.), des jüdischen Legionärs (S. 227–233) und des Mittransitärs (S. 221–223) hervor. Ihre Geschichten hinterlassen Spuren im Gesamtgefüge des Romans und sie beeinflussen den Helden und seinen Weg.

Groteske Überzeichnung

Ihre äußere Beschreibung unterstützt die Hervorhebung dieser Figuren. Sie werden ausdrucksstark und grotesk überzeichnet. Der Kapellmeister hat »Totenkopf-Augenhöhlen« (S. 74), und wenn er lacht, scheint sein »ganzes Gerippe« zu knirschen (S. 49), die Frau mit den Doggen ist ein »hässlich grell gekleidete[s] Weib mit frechen Augen und schiefen Schultern« (S. 103), beim Legionär sitzen weder Mund noch Nase an der richtigen Stelle – sie waren »platt und breit gezogen« (S. 65) und der Mittransitär ist kahlköpfig (S. 141). Die verzerrte Darstellung verfremdet die Figuren.

Gesamtgefüge des Romans

Die vielen Fluchtgeschichten, Gespräche und Geschehnisse werden miteinander verknüpft und fügen sich zu einem komplexen Erzähl- und Handlungsgefüge des Romans zusammen, das die lebensbedrohliche Situation in Marseille, Einzelschicksale und das Zeitbild kollektiver Erfahrung von Exilantinnen und Exilanten spiegelt.

Aufbau von *Transit*

**Erzählrahmen:
mündliche Erzählsituation**

Ich-Erzähler — 1941 in einer Pizzeria in Marseille — fiktiver Zuhörer

Binnengeschichte:

1. Die Geschichte des Erzählers

Flucht — Weidel — Aufenthalt in Marseille — Doppelidentität — Farm — Marie

2. Die Fluchtgeschichten, Anekdoten, Episoden

- Marie
- Weidel
- Arzt

- Heinz
- Strobel
- Achsel-roth

- Kapell-meister
- Mittransitär
- Legionär
- Frau mit Doggen

- Frau mit zottigem Haar
- Mädchen aus Bompard
- jüdische Großfamilie
- altes Ehepaar

**Schließen des Erzählrahmens:
Erzählgegenwart in der Pizzeria**

Abb. 3: Aufbau

Der Ich-Erzähler

Es liegt eine Ich-Erzählform vor. Der Ich-Erzähler ist Erzähler seiner eigenen Geschichte (erzählendes Ich), die er rückblickend aus seiner Perspektive erzählt, und zugleich eine Figur in der erzählten Welt (erzähltes, erlebendes Ich). Am Ende des Romans fallen erzählendes und erlebendes Ich zusammen.

Die erzählte Zeit

Die erzählte Zeit erstreckt sich von Juni 1940 bis Frühling 1941, markiert durch historische Ereignisse der Besetzung Frankreichs durch die Deutschen im Mai und Juni 1940, der Eroberung von Paris am 14. Juni 1940 und dem Waffenstillstandsabkommen am 22. Juni 1940.

■ Chronologie

Der Erzähler erzählt seine Geschichte nicht chronologisch. Er geht zunächst zurück zur Zeit im Arbeitslager nahe Rouen (I, II), überspringt Teile seiner Biografie und trägt dann die Vorgeschichte bis zu seiner Inhaftierung in Frankreich nach: Verhaftung in Deutschland, Flucht aus dem KZ und über den Rhein nach Frankreich, Lagerhaft. Von diesem Zeitpunkt an erzählt er die weiteren Geschehnisse entsprechend der zeitlichen Abfolge. Am Ende ist er wieder in der Erzählgegenwart im Frühjahr 1941 in der Pizzeria angekommen.

■ Zeitpunkte

Einige konkrete Zeitangaben werden getroffen wie z. B. die Flucht aus dem KZ im Jahr 1937 (S. 9). Als Datum wird der 28. November 1940 (S. 92) um 18:00 Uhr im Café Mont Vertoux (S. 96) erwähnt. Es markiert ein besonderes Ereignis im Leben des Erzählers: die Begegnung mit einer Frau. Als zweites Datum wird der 8. Januar um 10:15 Uhr genannt (S. 144, 215), der Zeitpunkt, an dem der Erzähler das Transit eines Toten erhält.

Der erzählte Raum

Von den 78 Abschnitten des Romans sind 73 in Marseille lokalisiert. Die Stadt bildet das räumliche Zentrum der Geschehnisse. Örtlichkeiten von Marseille werden genau angegeben und entsprechen der realen Topographie: Straßennamen (Rue du Relais), Plätze (Belsunce), Viertel (Alter Hafen), Sehenswürdigkeiten (Notre Dame de la Garde), Cafés (Café Mont Vertoux), Hotels (Hotel de la Providence) und das mexikanische Konsulat am Boulevard de la Madeleine.

■ Topographie von Marseille

Die Orte, an denen sich die Figuren aufhalten, sind um den Alten Hafen gelagert. Er bildet den Mittelpunkt von Marseille. Auf ihn läuft auch die Hauptstraße, die Cannebière, zu. Das Hafenviertel ist ein heruntergekommenes und labyrinthisches Viertel.

■ Der Alte Hafen

Die Flüchtlinge sind immer unterwegs, getrieben vom Überlebenskampf um Papiere, Geld, Tickets. Ihre räumliche Bewegung durch die Gassen Marseilles und von Ort zu Ort erzeugt eine Dynamik in den Abläufen, die nur zum Stillstand kommt, wenn sie auf den Behörden und in den Cafés warten.

■ Räumliche Bewegung

Abb. 4: Der alte Hafen in Marseille heute. – CC BY-SA 3.0

Ortswechsel

Der Ortswechsel der Figuren strukturiert zugleich das Romangeschehen. 50 Kapitel, die in Marseille lokalisiert sind, werden eingeleitet mit einem Raumwechsel: »Ich ging in tiefen Gedanken heim.« (3. Kapitel, II, S. 61); »Ich ging zu Binnets hinauf.« (4. Kapitel, III, S. 98). Nur wenige Abschnitte sind zeitlich gegliedert: »Die nächsten Tage glaubte ich fast [...].« (3. Kapitel, IV, S. 67), »Inzwischen war der Monat zu Ende gegangen [...].« (3. Kapitel, V, S. 70).

Die Stadt Marseille ist weit mehr als der Schauplatz des Handlungsgeschehens. Im Verlust des alten Lebens und der dauernden Bewegung der Flüchtlinge im Kampf um lebensrettende Dokumente wird ihre Exilsituation als eine des Durchgangs, des Transits (lat. vom Verb *transire*: *trans* ›durch‹, *ire* ›gehen‹) charakterisiert. Sie wollen fort. Marseille ist für sie kein Ort des Bleibens, sondern der Durchreise zu einem anderen Land. Marseille ist ein Durchgangsort, ein Transit-Ort.[1]

Transit-Ort

Gattung/Genre

Exilroman

Transit gehört zum klassischen Exilroman des Zeitraums 1933–45, dessen inhaltlicher Schwerpunkt auf der Massenflucht vor den Nationalsozialisten und der näher rückenden deutschen Wehrmacht in Frankreich und der besonderen Form des Exils dieser Jahre liegt. Aufgrund folgender Merkmale lässt sich der Roman *Transit* dem Genre des Exilromans zuordnen: Er thematisiert und reflektiert die Exilsituation von Flüchtlingen, die aus politischen, religiösen und rassischen Gründen aus Deutschland und anderen europäischen Ländern geflohen sind. Er setzt sich mit Exilerfahrungen, wie Flucht, Verlust der Heimat, Isolation, Gefährdung der eigenen Identität, den Erschwernissen durch Bürokratie und der Sehnsucht nach Rettung und Leben in einem anderen Land, auseinander.

1 Lars Wilhelmer, *Transit-Orte in der Literatur. Eisenbahn – Hotel – Hafen – Flughafen,* Bielefeld 2015, S. 188.

5. Quellen und Kontexte

Entstehungsgeschichte

Der Roman ist in den Jahren 1940–43 in Marseille, auf Schiffen und auf Ellis Island (USA), wo Anna Seghers interniert wurde, entstanden und wurde in Mexiko abgeschlossen. Kurz vor seiner Veröffentlichung schrieb Anna Seghers im Januar 1944 die letzten zwei Seiten des Romans um. Der Erstdruck erfolgte in englischer Übersetzung 1944 in Boston und im gleichen Jahr auf Spanisch in Mexiko. Auf Deutsch erschien der Roman erstmals 1947 als Fortsetzungsroman in der *Berliner Zeitung* in 83 Folgen. Der Curt Weller Verlag brachte die deutsche Erstausgabe 1948 heraus. In der DDR konnte *Transit* aufgrund von Vorbehalten erst 1951 erscheinen.

Biografische Bezüge

Historische Ereignisse, Orte, an denen Anna Seghers sich aufgehalten hat, und Erfahrungen, die sie in ihrem Exil in Frankreich gemacht hat, werden im Roman aufgegriffen und erzählerisch verarbeitet.

■ Fluchtversuch

Anna Seghers wurde mit ihren beiden Kindern 1940 auf ihrer Flucht von Paris in die unbesetzte Zone Frankreichs von der deutschen Wehrmacht eingeholt und kehrte nach Paris zurück (siehe Abschnitt »Biografie« in Kapitel 7). Dasselbe widerfährt dem Ich-Erzähler (S. 11).

Im Hotel Aumage in der Rue du Relais (S. 89), in dem Marie und der Arzt untergebracht sind, hat Anna Seghers 1941 gewohnt. Im Café Mont Ventoux am Alten Hafen, das heute nicht mehr existiert, hat sie am Roman *Transit* geschrieben. In diesem Café, das im Roman Café Mont Vertoux heißt, hält sich der Erzähler bevorzugt auf.

■ Orte

Wie der Erzähler nachweisen muss, dass Seidler und Weidel miteinander identisch sind, brauchte auch die Autorin für ihr mexikanisches Visum einen solchen Beleg und hat den Züricher Verleger Emil Oprecht gebeten, zu bezeugen, dass Netty Radványi und Anna Seghers ein und dieselbe Person sind.

■ Identitätsnachweis

Derartige biografische, zeitgeschichtliche und räumliche Bezüge verwandelt Anna Seghers in eine Fiktion, die über die persönlichen Erlebnisse der Autorin hinausgeht und grundlegende Exilerfahrungen wie Flucht, Todesgefahr, Heimat- und Identitätsverlust zum Gegenstand macht.

■ Fiktionalisierung

Reale Personen und fiktive Figuren

Im siebten Kapitel hört der Ich-Erzähler von einem Mann, der sich in Portbou an der spanischen Grenze erschossen hat. Es ist eine Anspielung auf den jüdischen Literaturtheoretiker und Philosophen Walter Benjamin, der sich am 26. September 1940 in Portbou das Leben nahm, weil er fürchtete, an die Deutschen ausgeliefert zu werden.

■ Walter Benjamin

In der Figur Weidel nimmt der Roman Bezug auf

Ernst Weiß

den Arzt und Schriftsteller Ernst Weiß (1882–1940), den Anna Seghers persönlich kannte. Er nahm sich in Paris das Leben, als die Deutschen Paris besetzten. Wie Weidel im Roman wurde Weiß von zwei Freunden, die ihm versprochen hatten, ihn auf der Flucht mitzunehmen, im Stich gelassen.

Varian M. Fry

Hinter der Figur Prof. Whitaker im Hotel Splendide (S. 252, 255) verbirgt sich der amerikanische Journalist Varian Mackey Fry. Er hat in Marseille eine Hilfsorganisation, das Emergency Rescue Committee (ERC), das im Hotel Splendide untergebracht war, geleitet und vielen Exilantinnen und Exilanten die Flucht vor den Nationalsozialisten ermöglicht.[2]

Abweichungen von der Realität

Trotz vieler Übereinstimmungen zwischen Wirklichkeit und Romanhandlung gibt es auch Abweichungen wie im Fall der gescheiterten Kubareise von Achselroth. 1939 fuhr die Saint-Louis von Hamburg nach Havanna. Als den Flüchtlingen die Aufnahme ins Land verweigert wurde und das Schiff zurückkehren musste, hat das international einen solchen Skandal ausgelöst, dass die Kubaner künftig jeden mit und ohne Visum ins Land ließen. Daher ist es nicht realistisch, dass Achselroth zurückgeschickt wurde (S. 170).[3] Doch geht es nicht um die Frage der historischen

2 Vgl. Uwe Wittstock, *Marseille 1940. Die große Flucht der Literatur*, München 2024.

3 Hans-Albert Walter, *Anna Seghers' Metamorphosen Transit – Erkundungsversuche in einem Labyrinth*, Frankfurt a. M. / Olten / Wien 1984, S. 40; Silvia Schlenstedt (Hrsg.), *Transit. Roman*, Werkausgabe Bd. 1/5, Berlin 2001, S. 324.

Glaubwürdigkeit, sondern um die Funktion solcher Abweichungen von der Realität innerhalb des Romans, wie z. B. die Gefahr zu steigern und das Handlungsgeschehen zu dramatisieren.

Intertextuelle Verweise

Der Roman enthält vielfältige Bezüge auf andere literarische Texte, die Bibel und antike Mythen.

Die Bürokratie in *Transit* hat in ihrer Undurchschaubarkeit und Macht, die sie über Flüchtlinge hat, Ähnlichkeiten mit der Gerichtswelt in Kafkas Roman *Der Prozess* (1925). Auf die darin enthaltene Parabel »Vor dem Gesetz« verweist das »Märchen von dem toten Mann«, das der jüdische Fremdenlegionär erzählt (S. 223). Bei Kafka erfährt ein Mann, dass der Eingang, vor dem er jahrelang gewartet hat, nur für ihn bestimmt war. Im ›Märchen‹ wird das ewige Warten auf das Urteil Gottes zu einer Hölle. Der Legionär charakterisiert damit das Warten im Exil als unerträglich und sinnlos.

■ Franz Kafka

Der Erzähler beschreibt andere Figuren und Erlebnisse, indem er auf mythologische Texte Bezug nimmt.[4] Er selbst ähnelt Homers mythischer Figur Odysseus (ca. 8. Jh. v. Chr.) und dessen Irrfahrt steht symbolisch für die Emigration. Wie Sisyphos muss der Legionär in einer Bucht von Marseille Steinklötze hinaufwälzen und, oben angekommen, wieder ins Meer zu-

■ Antike Mythologie

4 Walter (s. Anm. 3), S. 92–106.

rückwerfen (S. 229). Wiederholt wird auf den antiken Mythos von der Fahrt über den Fluss Acheron in das Reich der Toten Bezug genommen und damit die Schifffahrt als eine Todesfahrt markiert: »die letzte Fähre über den dunklen Strom« (S. 81). Wenn der Arzt Marie rettend »hinüberbringen« (S. 246) will, wird auf Asklepios, den Halbgott der Heilkunst, angespielt, der dem Mythos nach eine Tote ins Leben zurückgeholt hat. Mythologische Elemente bilden gegenüber der konkreten Handlungsebene eine eigene Bedeutungsschicht im Roman. Sie charakterisieren Figuren, veranschaulichen die Exilsituation als eine vom Tod überschattete und heben grundlegende Erfahrungen von Flucht, Exil, Überleben und Tod ins Überzeitliche.

Bibelzitate

Biblische Zitate und Formeln werden häufig im Text verwendet, aber in ihrer Bedeutung abgeändert. Der Erzähler drückt mit biblischen Vergleichen seine ironische Distanz zu den Ämtern aus, die Konsulatsangestellte ist z. B. ein »Engel vom Throne des Herrn« (S. 215), der Konsul vollzieht die Transitübergabe »wie ein Pfarrer Taufen« (S. 218) und das Verhör ist die »Voruntersuchung zum Jüngsten Gericht« (S. 217). Eine Parallele wird zwischen Heinz' Verfolgung und Paulus' Leidensweg beim Aufbau der Gemeinde Christi durch die zwei Verse des Apostels Paulus (Neues Testament, 2. Korinther, 11,25 f.) hergestellt: »Ich bin dreimal gestäupt, einmal gesteinigt, dreimal hab ich Schiffbruch erlitten [...].« (S. 107).

6. Interpretationsansätze

Das Charakteristische der Exilsituation im Roman, die Figur des Ich-Erzählers, die Liebesgeschichte und die Bedeutung des Erzählens sind die thematischen Schwerpunkte der folgenden Interpretation.

Zeitgeschichte

Nach 1933 gab es eine hohe Zahl an Flüchtlingen, die aus politischen, religiösen und rassischen Gründen aus dem nationalsozialistischen Deutschland und anderen europäischen Ländern nach Frankreich geflohen waren und dort Asyl fanden. Mit dem Vorrücken der deutschen Wehrmacht ins Landesinnere Frankreichs und der Besetzung von Paris am 14. Juni 1940 setzte eine Massenflucht in den Süden Frankreichs ein.[5] Viele von ihnen waren in Europa nicht mehr sicher und wollten nach Übersee ausreisen. Da sich die Konsulate für Ausreisedokumente in Marseille befanden, war die Stadt völlig überlaufen.

Waffenstillstandsabkommen

Mit dem deutsch-französischen Waffenstillstandsabkommen am 22. Juni 1940 wurde in Frankreich das Asylrecht aufgehoben und viele Emigranten liefen Gefahr, an die Deutschen ausgeliefert zu werden. Die Grenzen wurden geschlossen und die Schifffahrt eingestellt. Die letzte Fluchtmöglichkeit führte über Spanien nach Lissabon; sie war jedoch Spanienkämp-

5 Vgl. Wittstock (s. Anm. 2), S. 62.

fern und Antifaschisten versperrt. Erst im März 1941 wurde eine direkte Reiseroute von Marseille aus eröffnet.

›Exil‹ im Roman

Dieser zeitgeschichtliche Hintergrund bestimmt die Geschehnisse im Roman. Flucht, Bedrohung durch deutsche Truppen und die Gestapo, versperrte Fluchtrouten und die Asylpolitik der Länder kennzeichnen die Lage der Exilantinnen und Exilanten im Roman. Sie alle hoffen auf ein rettendes Schiff, das sie in die USA, nach Mexiko oder Brasilien bringt. Sie sind ›Transitäre‹, die sich nur vorübergehend in Marseille aufhalten. Für die Ausreise brauchen sie Visa, Reisegeld, eine Buchung für eine Schiffspassage und ein Transitvisum. Immer wieder müssen sie warten, umbuchen oder noch fehlende Papiere besorgen, während bereits ausgestellte Visa verfallen.

■ Transitäre

Marseille bildet das räumliche Zentrum des Romans und wird zum letzten Fluchtpunkt für alle Verfolgten und Vertriebenen, die aus Europa fortwollen und durch die Gassen der Stadt eilen, um ihre Ausreisepapiere zu erlangen. Marseille ist für sie der rettende Hafen (S. 95), die Hölle (S. 223) oder das Grab (S. 122). Marseille ist kein Ort des Bleibens, sondern, wie der Titel des Romans besagt, des Durchgangs zu einem anderen Land, ein Transit-Ort[6] (siehe Abschnitt

■ Marseille

■ Transit-Ort

6 Wilhelmer (s. Anm. 1), S. 35, 188.

»Der erzählte Raum« in Kapitel 4). Die Geflohenen leben in einem räumlichen Dazwischen, zwischen der verlorenen Heimat und dem Zielland, zwischen Hier und Dort.

Marseille ist auch kein Ort der Zugehörigkeit, sondern der Fremde. Cafés und Hotelzimmer, in denen sich die Flüchtlinge aufhalten, sind öde, verlorene Orte, keine Heimstätten. Die Flüchtlinge leben sprichwörtlich im ›Exil‹ (lat. *exilium* ›sich in der Fremde aufhalten‹), in dem ihr Leben und sie selbst zu einer nur vorübergehenden Existenz werden, entwurzelt, abgeschnitten vom alten Leben, verwaltet von Ämtern und mit einem begrenzten Aufenthaltsrecht.

■ Die Fremde

Die räumliche Struktur des Romans kennzeichnet die Exilsituation als ein Transit. Aber ›Transit‹ ist nicht nur räumlich als Durchfahrt zu einem anderen Land charakterisiert, sondern auch zeitlich als ein Flüchtiges, das keine Dauer besitzt und alle Bewegungen in der Gegenwart auf ein in der Zukunft liegendes Drüben, die Zukunft in einem anderen Land orientiert. Doch dieser Zukunft steht eine mächtige Bürokratie im Wege.

■ Das Exil als ›Transit‹

Konsulate, Fremdenamt, Präfektur und Reisebüro stellen einen bürokratischen Apparat dar, der über Schicksale entscheidet und die Flüchtlinge vor immer neue Hürden bei der Beschaffung von Visa und Tickets stellt. Seine Macht spiegelt sich in repräsentativen Räumlichkeiten, die er mit Portalen, Gittern, Schranken und Toren nach außen absperrt, bewacht von Pförtnern (S. 57), Türhütern (S. 109, 139) und Treppen-

■ Die Bürokratie

hütern (S. 215). Große Schreibtische (S. 109, 235) wirken wie Bollwerke der Macht und Abgrenzung gegen Exilantinnen und Exilanten.

Der Ich-Erzähler

Bleiben

Im Gegensatz zu allen anderen möchte der Erzähler in Marseille bleiben. Um jedoch eine Aufenthaltserlaubnis für Marseille zu erlangen, muss er nachweisen, dass er abreisen möchte, und täuscht die Behörden. Er nimmt eine falsche Identität an und erhält mit dem mexikanischen Visum von Weidel seine Aufenthaltserlaubnis für Marseille. In seinen Dokumenten auf den Ämtern lebt der tote Weidel fort, wird zu einem Phantom, einem Trugbild, das alle für lebend halten (S. 149).

Verachtung der Transitären

Von Beginn an grenzt sich der Erzähler von den Flüchtlingen ab. Ihre verzweifelte Jagd nach Ausreisepapieren scheint ihm sinnlos. Er spricht von dem »Strom der Abfahrtsbesessenen« (S. 120) und der »Horde abfahrtssüchtiger Teufel« (S. 68). Er lehnt sie ab, weil sich ihr Kampf um Ausreisevisa verselbständigt hat und zu ihrem Lebensinhalt geworden ist und sie in ihrem Winseln und Flehen (S. 124, 126, 196) ihre Würde verloren haben. Ausgenommen von seiner Verachtung sind Heinz und der Arzt, deren Abfahrt eine andere Qualität hat (S. 91), weil sie nicht nur an sich und ihr Überleben denken, sondern ein übergreifendes Ziel haben. Heinz möchte politisch arbeiten und der Arzt die Leitung einer Krankenhausabteilung in Mexiko übernehmen.

Seine geringschätzige Ablehnung der ›Transitären‹ steht im Kontrast zur Gefahrensituation der näher rückenden Wehrmacht und drohenden Auslieferung an die Gestapo. Aber der Erzähler weiß, dass es um Leben und Tod geht. In Marseille sieht er die Zeichen des Todes (schwarz verhängte Türen, S. 180) und vergleicht die Flüchtlinge mit Toten: »abgeschiedene[] Seelen« (S. 120), »Abgeschiedene[]« (S. 121), Schattenwesen, die ihr Leben zurückgelassen haben und mit ihrem Leben ihre Identität. Er täuscht sich nicht, wie es im Text heißt, über »die Art [der] Überfahrt« (S. 121), sie ist eine Fahrt in den Tod und das Schiff, in Anlehnung an die griechische Mythologie, »die letzte Fähre über den dunklen Strom« (S. 81) in das Totenreich. In diesen Todesbildern wird das Exil zu einem Totenreich.[7]

■ Todesmetaphern

Seine Abgrenzung von den Transitären kann als Selbstschutz verstanden werden. Der Erzähler schützt sich davor, mit in den Untergang gezogen zu werden: »Ich fürchtete mich beim Zusehen, ich könnte in diesen Strom hineingeraten, ich, der ich mich noch am Leben fühlte […].« (S. 121). Er zählt sich selbst zu den Lebenden und zieht eine Wand zwischen sich und den Transitären, zwischen Leben und Tod, weil er selbst leben und die tödliche Gefahr von sich fernhalten möchte. Seine Abwehr wird zu einer Strategie des Überlebens und der Selbstbehauptung gegen den

■ Überlebensstrategie

7 Vgl. Klaus Müller-Salget, »Totenreich und lebendiges Leben. Zur Darstellung des Exils in Anna Seghers' Roman *Transit* (1977)«, in: *Exilliteratur. 1933–1945*, hrsg. von Wulf Koepke und Michael Winkler, Darmstadt 1989, S. 333–354, hier S. 334.

tödlichen Sog. Andere Mittel, die Schrecken des Exils von sich fernzuhalten, sind sein täuschendes Spiel mit Namen, seine Maskierung mit einer fremden Rolle, seine Ironie und seine groteske Überzeichnung von Transitären wie dem Kapellmeister: »meines Prager Totenschädels, der noch einmal einen Taktstock schwingen will« (S. 91).

Einer seiner Mithäftlinge ruft den Erzähler bei seinem alten Namen (S. 166), wobei dieser nicht genannt wird. Seine Namenlosigkeit und gefälschte Identität von Seidler/Weidel deuten auf eine brüchige Identität des Erzählers hin. Er hat selbst das Gefühl, auf seiner Flucht, im KZ und im Lager einen Teil seiner Person verloren zu haben: »Irgendetwas war mir verlorengegangen, so verloren, dass ich nicht einmal mehr genau wusste, was es gewesen war […].« (S. 43). Der Erzähler ist sich selbst abhandengekommen und mit ihm die Erinnerung.

■ Identitätsverlust

■ Heinz

Nur Heinz gibt ihm das Gefühl, zu wissen, wer er ist. Er versteht, »was sein heller werdender Blick suchte und fast sofort wiederfand: mich selbst […] und ich wusste auf einmal auch zu meiner unendlichen Beruhigung, dass ich immer noch da war, dass ich nicht verlorengegangen war« (S. 84). Heinz wird für den Erzähler zur Vergewisserung seines Selbst.

Der Erzähler schwankt in seinen Gefühlen. Mal empfindet er Angst (S. 9), fürchtet sich vor dem Abend (S. 133), ist verzweifelt, hat Heimweh (S. 96) und fühlt sich allein (S. 43, 133). Dann wieder ist ihm alles gleichgültig, alles »einerlei« (S. 43, 158) und er fühlt sich ganz leer (S. 158). Flucht, Faschismus und Krieg sind durch ihn »durchgegangen« (S. 254). Alles langweilt ihn (S. 94), vor allem langweilen ihn die vielen Fluchtgeschichten. Dem Drama des vom Tod überschatteten Exils und dem verzweifelten Kampf der Flüchtlinge, ihm zu entkommen, steht die Langeweile und innere Leere des Erzählers gegenüber. Sie sind Zeichen von Sinnleere und dessen, was der Erzähler auf seiner Flucht verloren hat und von dem er nicht einmal weiß, was es ist.

Die Gefühlslage: Langeweile

An mehreren Stellen schlägt die Stimmung des Erzählers um. Plötzlich ekelt ihn das Hafengeschwätz über Flucht, Abfahrten und Transits in den Cafés nicht mehr, sondern er findet es »großartig« und es ist für ihn »[w]underbarer, uralter Hafentratsch« (S. 95), den es am Mittelmeer immer schon gegeben hat, seit phönizische, griechische und römische Seefahrer und Händler hier landeten (S. 95, 292). Er erfährt in der Geschichte eine Beständigkeit, die ihn inmitten der Flüchtigkeit und Zerrissenheit der Zeit beruhigt. Er sehnt sich nach Dauer, nach dem, »was immer vorhält« (S. 133 f.). Die aktuelle Situation verliert ihren Schrecken, indem sie eingebettet wird in ein zeitliches Kontinuum von Vergangenheit und Gegenwart. Flucht, Migration und Ankunft werden ausgeweitet zu einem Zeiten, Völker und Kulturen übergreifenden Menschheitsthema.

Stimmungsumschwung

Es gibt für den Erzähler nicht nur trostlose und verlorene Orte wie Hotelzimmer und Cafés, die das Elend des Exils spiegeln, sondern auch Orte, an denen

Heimat-Orte

er sich heimisch fühlt. Dazu gehört die Pizzeria mit dem wärmenden offenen Feuer (S. 5, 133, 257). Sie ist ein Ort der Geborgenheit (S. 133, 138, 257) gegenüber der Kälte und dem eiskalten Wind draußen (S. 68, 137 f., 197) und wird zu einem rettenden Ort für den Erzähler, nachdem er und Marie auf der Flucht vor dem toten Weidel durch Marseille geirrt sind und endlich hier ankommen (S. 179 f.). Auch das offene Feuer weist in eine alte Zeit zurück und wird inmitten der Brüchigkeit von Krieg, Flucht und Exil zum Zeichen von Dauer. Symbolisch steht das Feuer für die Sehnsucht des Erzählers nach dem Beständigen. Den räumlichen Kontrast dazu bildet der Blick auf den Hafen und das Meer, die Abfahrt signalisieren (S. 5).

Gegenwelt: Georg und Claudine

Eine Gegenwelt zu dem Flüchtigen in Marseille bilden Georg Binnet und Claudine mit ihrem Sohn. Der Erzähler fühlt sich bei ihnen geborgen, fast heimisch (S. 163). Hier ist er nicht der Fremde, sondern einer von ihnen, wie Claudine sagt: »Uns bist du jedenfalls nicht fremd.« (S. 163)

Der Roman stellt die Exilsituation der Flüchtlinge als einen räumlichen und zeitlichen Übergang dar. Das Exil trägt das Merkmal des Transitären. Alles ist auf Flucht gestellt und besteht nur als Vorübergehendes. Das Transitäre wird erzählerisch in den Flüchtlingen und ihrem gehetzten Leben, der Bürokratie, den Räumen, Motiven und Bildern des Todes umgesetzt. Inmitten dieser transitären Welt spielt sich eine Liebesgeschichte ab, die den Helden in neue Verwicklungen führt.

Eine transitäre Welt

Die Liebesgeschichte

Der Liebesgeschichte liegt eine Dreier-Konstellation zugrunde: Zwei Männer lieben eine Frau, die aber liebt den dritten, der tot ist. Der Erzähler versucht, seinen Konkurrenten, den Arzt, auszustechen. Aber sein eigentlicher Rivale ist Weidel, der eine allmächtige Gegenwart besitzt und an den Marie unlösbar gebunden ist.

■ Die Konstellation

Die Begegnung mit Marie bedeutet einen Einschnitt im Leben des Erzählers. Er ist fasziniert von ihr, liebt sie und umwirbt sie. Er beobachtet ihre ruhelose Suche und hofft, die Suche gelte ihm und nicht dem anderen. Und eines Tages geschieht es: »Sie suchte jetzt mich, nicht den Toten. […] Sie setzte sich dicht neben mich. Ich hatte damals das Gefühl, das Blatt wende sich zu meinen Gunsten.« (S. 176) Er träumt sogar von einem gemeinsamen Leben.

■ Einschnitt im Leben

Ihretwegen möchte er tatsächlich abreisen (S. 254). Plötzlich spürt er, von der »Transitärwut« angesteckt zu sein und sich in einem »eigenen Nebel von Visumbesessenheit« (S. 141) zu befinden. Über seine »Abfahrtsbesessenheit« (S. 276) empfindet er Scham und die drohende Abreise löst Trauer über den Verlust der europäischen Heimat aus und eine Abwehr, zu den Abgeschiedenen zu gehören:

■ Wandel

»Ich musste die Erde verlassen, die mir lieb war, mich jenen Schattenschwärmen anschließen, als sei ich einer von ihresgleichen […].« (S. 254)

Trotz mancher Vertrautheitsgesten wie das Anlehnen ihres Kopfes an seine Schulter (S. 176 f., 185, 240, 285), Händehalten (S. 185, 240, 244) und »unendliches Vertrauen« (S. 240), das sie ihm entgegenbringt, erwidert sie die Liebe des Erzählers nicht. Sie ist ihm zugeneigt, aber sie gehört einem anderen. Auch den Arzt liebt sie nicht; er ist für sie ein Freund, der »sehr gut« ist (S. 150).

■ Maries Gefühle

■ Maries Suche

Marie sucht ihren Mann und irrt durch Marseille, das Gesicht voll Furcht und Erwartung, als »hoffe und fürchte sie, jemand an diesem Ort zu finden« (S. 96). Sie lebt in der Gewissheit, dass Weidel noch am Leben ist, bestätigt durch die Behörden und Gerüchte, man habe ihn mehrfach gesehen (S. 148 f.). Ihre Suche gleicht einer Obsession, einem Zwang, und wird nie enden, da der Gesuchte tot ist.

■ Schattenwesen

Auch Marie beschreibt der Erzähler als ein Schattenwesen (S. 300) und rückt sie damit in die Nähe des Todes: Der »kleine spitze Schatten, auf den wir beide warteten, [erschien] vor dem Fenster« (S. 138). Zwischen Leben und Tod bewegt sich Marie in einer Zwischenwelt, läuft einem Toten hinterher und am Ende dem eigenen Tod.

■ Die Wahrheit

Der Erzähler verschweigt ihr den Tod von Weidel und täuscht sie über sich und seine Identität als Weidel. Doch Marie lässt sich auch täuschen. Zweifel an Weidels Existenz in Marseille empfindet sie als »Angriff auf ihr Leben« (S. 286) und wehrt die Ansätze des Erzählers, ihr die Wahrheit mitzuteilen, gestisch ab, indem sie die Hände hebt (S. 149, 286). Aber Maries Suche ist blind. Sie ist blind für die Wahrheit, das Leben und den Erzähler. Sie wird nie den finden, den sie sucht, und erkennt im Erzähler nicht den, der sie befreien könnte – auch wenn es ihr vorkommt, er sei »nicht der Letzte, den [sie] gekannt habe, sondern der Erste« (S. 285), den sie schon seit ihrer Kindheit kenne.

Und der Erzähler schafft es nicht, sie zu gewinnen und sie von ihrer zwanghaften Bindung an Weidel zu befreien. Er begegnet ihr nicht als der, der er ist. Während sie überzeugt ist, dass Weidel lebt (»Er war noch vor kurzem hier. Er war noch hier, und auch ich war hier.«, S. 241), weiß der Erzähler, dass der Tote nur durch ihn lebt. Zwischen beiden liegt der Abgrund der Lüge und verhindert eine wirkliche Begegnung.

■ Verfehlte Begegnung

Der Erzähler verliert Marie durch sein eigenes Verhalten an den Toten. Darin liegt die Tragik dieser Liebesgeschichte. Als er begreift, dass Marie für ihn unerreichbar ist, gibt er sie auf. Der Verlust der Geliebten verändert den Erzähler. Aber es gibt noch ein weiteres einschneidendes Erlebnis, das seinen Weg beeinflusst: das Manuskript von Weidel.

■ Tragik

Das Lektüreerlebnis

Die Lektüre von Weidels Manuskript hat eine nachhaltige Wirkung auf den Helden. Obwohl er von sich behauptet, nicht gerne gelesen zu haben, fesselt und verzaubert ihn das Romanfragment (S. 26 f.). Er findet sich darin wieder und sogar seine Langeweile verschwindet. Die Sprache erinnert ihn an seine Jugend und Heimat und steht im starken Kontrast zur menschenverachtenden Sprache der Nazis. Vor allem aber kann er die Handlungen von »vertrackten Menschen« (S. 27) nachvollziehen, weil sie von Beginn an und schrittweise entwickelt werden. Später wird ihm das Lektüreerlebnis helfen, die eigene Geschichte zu erzählen.

Schriftsteller

Im Gespräch mit Prof. Whitaker (S. 256) grenzt der Erzähler Weidel von Schriftstellern wie Strobel und Achselroth ab. Denen wirft er vor, »die furchtbarsten und die seltsamsten Strecken unseres Lebens bloß durchlebt« (S. 256) zu haben, um darüber schreiben zu können. Sie schrieben nicht aus einem inneren Erlebnis der Wirklichkeit heraus, sondern benutzten die Erlebnisse nur als Material, um sie schriftstellerisch zu verwerten. Sie würden die Wirklichkeit nur vordergründig abbilden und nicht zu einer neuen Sichtweise gelangen.

Erzählmedium der Autorin

Anna Seghers macht den Erzähler zu ihrem Medium, durch das sie ihre Auffassung von Literatur vermittelt. Für die Autorin steht das unmittelbare Erlebnis am Anfang des literarischen Schreibens und sie kritisiert Schriftsteller, die die Wirklichkeit nur schablonenhaft darstellen, statt sie aktiv zu gestalten[8], und die die Welt durch einen flachen, phantasielosen Realismus entzaubern würden.[9]

8 Anna Seghers, *Über Kunstwerk und Wirklichkeit*, Bd. 1: *Die Tendenz in der reinen Kunst*, bearb. und eingel. von Sigrid Bock, Berlin 1970, S. 104 f.

9 »Ein Briefwechsel zwischen Anna Seghers und Georg Lukács«, in: Georg Lukács, *Probleme des Realismus*, Berlin 1955, S. 176.

Die Entwicklung des Helden

Der Held des Romans macht eine Entwicklung durch, die zur Lösung seines Zwiespalts zwischen Abfahren und Bleiben, Leben und Tod, Liebe und Alleinsein führt und sein täuschendes Spiel mit Identitäten beendet. Am Ende gibt er Marie auf, legt den Namen Weidel ab und geht auf Marcels Farm als Seidler, ein Flüchtling aus dem Saargebiet. Er gewinnt eine neue Kontur, weil er endlich weiß, was er will. Auf der Farm findet er eine neue Bestimmung und Zugehörigkeit zu einer sozialen Gemeinschaft, die auch die kulturelle Fremdheit aufhebt. Er ist einer von ihnen (S. 298) und die Familie und das französische Volk geben ihm ein »Obdach« (S. 299), eine neue Heimat. Seine Entscheidung zu bleiben ist Ausdruck seines Widerstandes gegen den Faschismus, aber auch gegen das Transitorische der Exilsituation und seiner eigenen Existenz. Er entscheidet sich für das Beständige und gegen das Flüchtige. Der Held geht einen komplizierten Weg zu sich selbst. Um aber wirklich bei sich anzukommen, muss er alles Erlebte, Gesehene und Gehörte einmal erzählen. Damit ist als weiterer thematischer Kern des Romans das Erzählen angesprochen und die Frage, wie der Inhalt des Romans (Transit, Exil) erzählerisch vermittelt wird.

Das Erzählen als Thema

Eröffnet wird der Roman mit einer mündlichen Erzählsituation, die es dem Erzähler ermöglicht, das Erlebte im Nachhinein zu klären. Er möchte seinem Zuhörer »gern einmal alles erzählen, von Anfang an bis zu Ende« (S. 6, 7), seine ganze Geschichte. Das Motiv, alles von Anfang an erzählen (S. 229) und es abschließen, taucht wieder auf, als der Legionär ihm seine Geschichte erzählt. Der Erzähler begreift, dass er in diesem Moment »sein vergangenes Leben« abschließt: »Denn abgeschlossen ist, was erzählt wird. Erst dann hat er diese Wüste für immer durchquert, wenn er seine Fahrt erzählt hat.« (S. 230 f.) Das Erzählen wird zu einer Strategie der Bewältigung von Vergangenheit.

■ Erzählerische Motivation

Rückblickend erzählt der Erzähler von seiner Flucht, den letzten Monaten in Marseille, seinem Doppelleben und seiner Liebe zu Marie. Im erinnernden Erzählen ordnet er Versatzstücke des eigenen Lebens, bringt sie in Zusammenhänge und verdichtet sie zu einer ganzen Geschichte. Er setzt sich selbst und sein Leben im Erzählen neu zusammen.

■ Erinnerndes Erzählen

Das Erzählkonzept des Romans

Die Form des mündlichen Erzählens in *Transit* lässt sich in Verbindung bringen mit Ausführungen Walter Benjamins zur Krise des Erzählens in der Moderne (1936).[10]

■ Walter Benjamin

10 Walter Benjamin, »Der Erzähler. Betrachtungen zum Werk Nikolai Lesskows«, in: W. B., *Gesammelte Schriften*, Bd. 2/2,

Benjamin geht von der mündlichen Erzählpraxis in traditionellen Gesellschaften aus, die auf einem gemeinsamen Bestand an Erfahrungen beruhte und diese von Mund zu Mund weiterreichte. In modernen Gesellschaften sei diese Erfahrungsgrundlage verlorengegangen und damit auch das mündliche Erzählen zurückgedrängt worden. Nach Benjamin begegne Anna Seghers in ihrem Roman *Die Rettung* (1937), der von Arbeitslosen Ende der 1920er Jahre handelt, der Krise des Erzählens, indem sie auf ältere erzählerische Formen zurückgreife. Die Stimme der Erzählerin sei wieder hörbar[11] und würde das Erlebte in schwierigen Situationen wieder erzählbar machen.

Das Erzählkonzept in *Transit*

Auch in *Transit* ist die ›Stimme des Erzählers‹ hörbar und sie wird in den vielen eingebetteten Geschichten vervielfacht. Anna Seghers holt das mündliche Erzählen aus der Vergangenheit zurück, erneuert es im Kontext der Zeitgeschichte und macht es zum Kompositionsprinzip des Romans. Das mündliche Erzählen wird als eine Form eingesetzt, um von Krieg, Flucht und Exil zu berichten, davon Zeugnis abzulegen und am Ende alles mündlich Erzählte in die schriftliche Form des Romans einzubinden.

hrsg. von Rolf Tiedemann und Hermann Schweppenhäuser, Frankfurt a. M. 1977, S. 438–465.

11 Walter Benjamin, »Eine Chronik der deutschen Arbeitslosen. Zu Anna Seghers' Roman *Die Rettung*«, in: W. B., *Gesammelte Schriften*, Bd. 3, hrsg. von Hella Tiedemann-Bartels, Frankfurt a. M. 1972, S. 533, 537.

Und doch hat sich das Erzählen im Winter 1940/41 gegenüber derselben Tradition, die hier aufgerufen wird, verändert. Einerseits wird eine mündliche Gesprächssituation mit räumlicher Nähe von Erzähler und Hörer in der Pizzeria erzeugt und der Erzähler beruft sich auf gemeinsame Erfahrungen (»Sie kennen ja selbst […]«, S. 38). Andererseits entsprechen Sprache, bildliche Redeweise, mythologische Bezüge und Selbstreflexion des Erzählers nicht dem Typ des alten mündlichen Erzählers. Der Ich-Erzähler kommentiert und reflektiert fortlaufend das eigene Erzählen (siehe Abschnitt »Aufbau« in Kapitel 4). Die Mündlichkeit des Erzählens ist im Roman vorgetäuscht[12] und sie wird eingesetzt, um einen Erzählraum zu öffnen, in dem die Flüchtlinge zu Wort kommen und vom Unerhörten ihrer Kriegs-/Fluchterfahrungen erzählen können.

■ Fingierte Mündlichkeit

Der mündliche Erzähler wendet sich an einen fiktiven Zuhörer als Binnenadressat. Der Adressat des Romans in seiner schriftlichen Form wiederum ist der Leser. Hörer und Leser sind zwei Instanzen, die auf verschiedenen Kommunikationsebenen angesiedelt sind, auch wenn der Leser durch die Anreden des Erzählers an seinen Hörer tendenziell in den Roman hineingezogen wird.

■ Hörer/Leser

12 Jürgen Barkhoff, »Erzählung als Erfahrungsrettung. Zur Ich-Perspektive in Anna Seghers' Exilroman *Transit*«, in: *Exil und Remigration*, hrsg. von Claus-Dieter Krohn, München 1991, (Exilforschung Bd 9) S. 218–235, hier S. 220 f.

Droht der Einzelne im Strom der Flüchtlinge zu verschwinden und seine Individualität zu verlieren, so tritt er im Erzählen als Einzelner hervor, wie der Legionär, dessen Entscheidung heimzukehren eine Entscheidung gegen die Abreise, Flucht und Todesangst vor den Nationalsozialisten ist. Die Figur wird glaubwürdig in dem, was sie war und ist, und gewinnt im Erzählen ihre Individualität zurück.

Individuelle Erfahrung

Die vielen Geschichten, die in den Erzählbericht eingelagert sind, handeln von der Erfahrung der katastrophischen Situation, die durch Faschismus, Krieg und Flucht entstanden ist und die Figuren aus ihrem alten Leben, ihrer Heimat und sich selbst getrieben hat. Der Erzähler fügt die Geschichten in seinem Bericht zu einer Ganzheit zusammen. In ihrer Gesamtheit bilden sie eine Art Archiv, ein Gedächtnis, das nicht nur die individuellen Erfahrungen bewahrt (Marie, Legionär, Mittransitär, Frau mit Doggen, Kapellmeister), sondern die kollektive Erfahrung von Exilantinnen und Exilanten im Winter 1940/41.

Kollektive Erfahrung

Transit ist kein Roman, in dem linear, einheitlich und nach Haupt- und Nebenhandlung gegliedert erzählt wird, sondern er besteht aus Bruchstücken von Leben, flüchtigen Momenten, Episoden, szenischen Dialogen, mythologischen Anspielungen, Erläuterungen und Fluchtgeschichten, die in den mündlichen Erzählerbericht eingefügt sind. Anna Seghers erneuert die Form des Romans, indem sie auf das mündliche Erzählen zurückgreift und es zum Erzählprinzip des Romans macht.

Die Romanform

Der Roman erfüllt die Kriterien der Abgeschlossenheit und Ganzheit, die dem Erzähler ein Anliegen sind und Ziel seines eigenen Erzählens (»alles von Anfang an erzählen«, S. 7). Erst als Ganzes ergibt das Erzählte einen Sinn. Das Sinnganze steht dem Zerfall von Gewissheiten (Glauben, Wissen, Erfahrung) und sozialer Ordnung und dem Transitären in der katastrophischen Situation des Exils entgegen. In seiner schriftlichen Form hält der Roman fest, was in der Flüchtigkeit des mündlichen Erzählens verlorenginge, die Erinnerung und die kollektive Erfahrung von Krieg, Verfolgung und Tod, und bewahrt sie vor dem Vergessen.

7. Autorin und Zeit

Biografie

Jugend und Studium

Annette (Netty) Reiling wurde am 19. November 1900 in Mainz als Tochter des Kunst- und Antiquitätenhändlers Isidor Reiling und seiner Frau Hedwig geboren. Die Eltern gehörten zur orthodoxen Israelitischen Religionsgemeinschaft. Ab 1907 besuchte Anna Seghers eine Privatschule, bis sie 1910 auf die Höhere Mädchenschule kam. Mit Ausbruch des Ersten Weltkriegs mussten sie und ihre Mitschülerinnen Kriegshilfsdienste leisten. 1917 wechselte sie an die Großherzogliche Studienanstalt und erhielt am 5. Februar 1920 das Reifezeugnis.

■ Jugend

Am 20. April 1920 begann Netty Reiling in Heidelberg Kunstgeschichte und Sinologie zu studieren. Sie setzte ihr Studium in Köln fort und beendet es 1924 in Heidelberg mit einer Doktorarbeit über *Jude und Judentum im Werke Rembrandts*.

■ Studium

Ihren späteren Ehemann László Radványi lernte sie im Wintersemester 1920/21 in Heidelberg kennen. Er studierte Philosophie, Psychologie und Volkswirtschaft. Nach ihrer Heirat am 10. August 1925 zog das Ehepaar Radványi nach Berlin und entschied sich für die akzentlose Schreibweise ihres Namens. Von 1927 bis 1933 war ihr Mann Leiter der Marxistischen Arbeiterschule Berlin (MASCH), die der Vermittlung ökonomischer und kultureller Bildung diente. Am 29.

■ Ehe und Familie

April 1926 wurde ihr Sohn Peter und am 28. Mai 1928 ihre Tochter Ruth geboren. Die Familie wohnte zunächst in Charlottenburg, zog aber 1932 in die Siedlung ›Am Fischtal‹ in Berlin-Zehlendorf um.

■ Politische Entwicklung

1928 trat Anna Seghers der Kommunistischen Partei (KPD) bei und wurde 1929 Mitglied des Bundes Proletarisch-Revolutionärer Schriftsteller (BPRS), der der KPD nahestand. Ende der 1920er Jahre trat sie aus der jüdischen Gemeinde aus.

■ Erste Erzählung

Für ihre erste Erzählung *Die Toten auf der Insel Djal*, die 1924 in der Weihnachtsbeilage von *Frankfurter Zeitung und Handelsblatt* erschien, benutzte sie das Pseudonym ›Antje Seghers‹, aus dem später Anna Seghers wurde. Die Wahl des Namens geht auf den niederländischen Maler und Radierer Hercules Seghers (um 1589–1638) zurück. Mit der Verwendung eines Pseudonyms betonte sie ihre Identität als Schriftstellerin.

■ Kleist-Preis

Für ihre erste Buchveröffentlichung *Aufstand der Fischer von St. Barbara* (1928) und die Erzählung *Grubetsch* (1927) erhielt Anna Seghers 1928 den Kleist-Preis.

Exil in Frankreich

■ Emigration

Kurz nachdem Hitler am 30. Januar 1933 an die Macht kam, wurden die Bücher von Anna Seghers auf die Schwarze Liste gesetzt. Nach dem Reichstagsbrand in der Nacht vom 27. auf den 28. Februar 1933 floh ihr Mann in die Schweiz. Anna Seghers folgte ihm und sie gingen im April 1933 nach Frankreich. Die beiden

Kinder brachten ihnen die Eltern im Juni 1933 an die Grenze nach Straßburg. Anna Seghers wurde die deutsche Staatsbürgerschaft aberkannt.

Im Herbst 1933 bezog die Familie eine Wohnung in Bellevue Meudon, 12 km südwestlich von Paris, in der sie bis Juni 1940 lebte. Ihr Mann gründete 1934 in Paris die »Deutsche Volkshochschule« und übernahm 1935 die Leitung der »Freien Deutschen Hochschule«.

Pariser Exil

Während ihrer Exilzeit schrieb Anna Seghers Erzählungen und Romane, war an der Neugründung des »Schutzverbandes deutscher Schriftsteller im Ausland« beteiligt (1933), hielt Vorträge auf internationalen Schriftstellerkongressen in Paris (1935) und Barcelona (1937) und wurde Mitherausgeberin der Exilzeitschrift *Neue Deutsche Blätter* (1933–35).

Schreiben im Exil

Nach Kriegsausbruch wurde ihr Mann im April 1940 verhaftet und in das Straflager für politische Gefangene Le Vernet in der Nähe der Pyrenäen gebracht. Als die deutsche Wehrmacht im Juni 1940 auf Paris zumarschierte, wollte Anna Seghers mit ihren beiden Kindern aus Paris in die unbesetzte Zone Frankreichs fliehen, wurde jedoch von deutschen Soldaten eingeholt. Sie war gezwungen, wieder nach Paris zurückzukehren. Da sie von der Gestapo und der Polizei des Vichy-Regimes gesucht wurde, versteckte sie sich bei einer Freundin, der Übersetzerin Jeanne Stern, und brachte ihre Kinder getrennt bei Freunden unter.

Erste Flucht

Ende September gelang ihr mit Hilfe von Jeanne Stern die Flucht nach Pamiers, einer Stadt nicht weit von Le Vernet entfernt. Verschiedene Hilfsorganisa-

Zweite Flucht

tionen unterstützten Anna Seghers bei der Freilassung ihres Mannes und der Visabeschaffung.

Die Eltern

Nach den Pogromen in der Nacht vom 9. auf den 10. November 1938, der sogenannten ›Reichskristallnacht‹, waren die Eltern gezwungen, ihre Wohnung aufzugeben, das Geschäftsgebäude am Flachsmarkt zu verkaufen und in eines der ›Judenhäuser‹ umzusiedeln.[13] 1940 starb der Vater. Die Mutter wurde 1942 in das polnische KZ Piaski bei Lublin verschleppt. Anna Seghers hatte vergeblich versucht, für ihre Mutter ein Visum zu beschaffen, um sie vor der Deportation zu retten.

Exil in Mexiko

Überfahrt nach Mexiko

Die Familie floh auf dem Frachtschiff ›Capitaine Paul Lemerle‹ am 24. März 1941 über Algerien, Martinique (Antillen), wo sie vier Wochen interniert wurde, nach Santo Domingo und Ellis Island / New York. Am 30. Juni 1941 traf sie in Mexiko ein.

Mexikanisches Exil

Die Familie lebte in Mexiko-Stadt. Anna Seghers' Mann lehrte an verschiedenen Universitäten. Am 24. Juni 1943 hatte Anna Seghers einen schweren Verkehrsunfall und erlitt einen Schädelbruch. 1946 wurden sie und ihr Mann mexikanische Staatsbürger.

13 Heino Neumayer, »Von der Spezereihandlung zu einer der ersten Adressen für Antiquitäten. Die Firma David Reiling in Mainz und ihre Geschäftsbeziehungen zur Prähistorischen Abteilung des Königlichen Museums für Völkerkunde«, in: *Argonautenschiff* 12 (2003), S. 189–200, S. 199.

Abb. 5: Anna Seghers 1944.

Anna Seghers hat 1941 den Heinrich-Heine-Klub, der zu einem kulturellen Zentrum für Exilantinnen und Exilanten wurde, mitbegründet und wurde dessen Präsidentin. Sie hat an der Exilzeitschrift *Freies Deutschland* mitgearbeitet und darin Aufsätze und Erzählungen veröffentlicht. Nach anfänglichen finanziellen Sorgen war sie nach dem großen Erfolg ihres Romans *Das siebte Kreuz* (1942) in den Vereinigten Staaten und dem Verkauf der Filmrechte gut abgesichert.

Kulturelles Leben

Der amerikanische Inlandsgeheimdienst ›Federal Bureau of Investigation‹ (FBI) verdächtigte Anna

Geheimdienst

Seghers, eine verdeckte Kommunisten-Agentin zu sein[14], und hat seit den 1940er Jahren eine Geheimakte von ihr angelegt. Das FBI überwachte ihre Wohnung, bespitzelte sie, fing Briefe ab und wertete ihre Manuskripte aus.

Leben in der DDR

Rückkehr nach Deutschland

Am 7. Januar 1947 verließ Anna Seghers allein Mexiko und kehrte über Schweden und Frankreich nach Berlin zurück, wo sie am 22. April 1947 eintraf. Ihre Kinder waren bereits 1945 und 1946 zum Studium nach Paris gegangen. Sie wohnte zunächst im Westsektor der Stadt, zog dann nach Ostberlin und gab ihre mexikanische Staatsbürgerschaft auf. 1947 erhielt sie den Georg-Büchner-Preis für ihren Roman *Das siebte Kreuz*. Ihr Mann kehrte erst 1952 nach Deutschland zurück. Das Ehepaar bezog 1955 eine Wohnung in der heutigen Anna-Seghers-Straße 81 in Adlershof.

Leben in der DDR

Die Anfangsjahre in Berlin waren schwierig für Anna Seghers. Die Stadt war zerstört, die Menschen waren ihr fremd, Leserinnen und Lesern war sie unbekannt und hinzu kamen politische Spannungen zwischen Moskauer Emigranten, die die politische und kulturelle Führung übernahmen, und Westemigranten. Sie engagierte sich in der Friedensbewegung und wurde 1950 Mitglied des Weltfriedensrates. In ihren

14 Alexander Stephan, *Anna Seghers im Exil. Essays, Texte, Dokumente*, Bonn 1993, S. 14.

Vorträgen appellierte sie an Frieden, Freiheit und soziale Gerechtigkeit.

Anna Seghers erhielt viele Ehrungen in der DDR wie 1951 den Stalin-Friedenspreis und den Nationalpreis I. Klasse der DDR. Im Mai 1952 wurde sie zur Vorsitzenden des Schriftstellerverbandes gewählt und blieb es bis 1978. Sie galt als eine vorbildliche Vertreterin der DDR -Kultur.

Ehrungen

1956/57 kam es zu Prozessen gegenüber einer oppositionellen Gruppe, zu der auch der Leiter des Aufbau-Verlages Walter Janka, mit dem Anna Seghers in Mexiko bereits zusammengearbeitet hatte, gehörte.[15] Walter Janka wurde zu Unrecht staatsfeindlicher Aktivitäten angeklagt und zu fünf Jahren Zuchthaus verurteilt. Anna Seghers war bei dem Schauprozess anwesend, hat sich auch im Hintergrund bei Walter Ulbricht, dem Ersten Sekretär der Sozialistischen Einheitspartei Deutschlands (SED), für Janka eingesetzt, offiziell jedoch geschwiegen.

Schauprozesse

Anna Seghers hat sich politisch sehr vorsichtig und taktisch verhalten und sich öffentlich nie kritisch gegenüber den politischen Unterdrückungen in der DDR geäußert, auch nicht zu den stalinistischen Verbrechen, die 1956 durch die Geheimrede Nikita Chruschtschows, dem Ersten Sekretär der Kommunistischen Partei der Sowjetunion (KPdSU), bekannt geworden waren (Säuberungswellen, Schauprozesse, Ermordung deutscher Kommunisten, Verbannung in

Politische Haltung

15 Vgl. Walter Janka, *Schwierigkeiten mit der Wahrheit*, Reinbek b. Hamburg 1989.

Straflager). Stalin war für sie eine ›Symbolfigur‹ für eine neue Zukunft.[16] Als der Volksaufstand vom 17. Juni 1953 durch die Sowjets niedergeschlagen wurde, stand sie auf Seiten des Staatsapparates.

Schweigen

Anna Seghers' Schweigen hat ihrem Ansehen sehr geschadet. Möglicherweise wollte sie in Zeiten des Kalten Krieges durch eine öffentliche Kritik vom Westen nicht instrumentalisiert werden. Aber sie scheute auch die direkte Konfrontation und stand hinter der Utopie einer sozial gerechteren und humaneren Gesellschaft, auch wenn es Entwicklungen in der DDR gab, die diesem Ideal widersprachen.

Westdeutsche Kritik

Ihre fehlende Kritik an der Staatsführung der DDR und an Stalin, ihre Übereinstimmung mit der politischen Linie der DDR bei Angriffen auf kritische Schriftsteller wie Wolf Biermann, dem Bau der Mauer 1961 und der Niederschlagung des Prager Frühlings 1968, einer Reformbewegung in der Tschechoslowakei, und ihre Tätigkeit als Präsidentin des Schriftstellerverbandes wurden im Westen kritisch gesehen und brachten ihr den Ruf einer staatstreuen Dichterin, die nicht von der Parteilinie abweicht, ein.[17]

Das literarische Selbstverständnis

Anna Seghers hat in ihrem Werk moderne Schreib- und Erzählformen wie die Montagetechnik, den in-

16 Christiane Zehl Romero, *Anna Seghers. Eine Biographie. 1947–1983*, Berlin 2003, S. 125.

17 Vgl. Marcel Reich-Ranicki, »Nicht gedacht soll ihrer werden?«, in: M. R.-R., *Romane von gestern – heute gelesen*, Bd. 3: *1933–1945*, Frankfurt a. M. 1990, S. 277–287, hier S. 277–279.

Abb. 6: Anna Seghers am Rednerpult, 1. Jahrestagung des Deutschen Schriftstellerverbands, 1966. –

neren Monolog, multiperspektivisches und simultanes Erzählen eingesetzt. Sie hat wiederholt die Bedeutung von Märchen, Sagen und phantastischen Geschichten hervorgehoben und sich damit von Kunstauffassungen abgegrenzt, die Anfang der 1930er Jahre in der Sowjetunion entwickelt wurden.

Ein Hauptvertreter der Kritik an modernen Formen war der ungarische Literaturtheoretiker Georg Lukács. Für ihn war die moderne Kunst mit ihrer Zersplitterung von Wirklichkeit, ihren Montagetechniken und Brüchen Ausdruck eines Verfallsprozesses der bürgerlichen Gesellschaft.[18] Seine Vorbilder waren

■ Georg Lukács

18 Vgl. Georg Lukács, »Es geht um den Realismus«, in: Lukács (s. Anm. 9), S. 212–239.

die Weimarer Klassik (Goethe, Schiller) und Lessing, die Realisten des 19. Jahrhunderts, vor allem Balzac, und im 20. Jahrhundert Thomas Mann, der an diese Erzähltradition anknüpft.

Gegenposition

Anna Seghers verwahrte sich gegen das Literaturkonzept von Georg Lukács und plädierte für Vielfalt ästhetischer Formen und Farbigkeit in der Literatur.[19] In ihren Briefen an Georg Lukács vom 28. Juni 1938 und Februar 1939 verteidigte sie die künstlerische Moderne und verwies auf Krisen- und Kriegszeiten, in denen Dichter wie Heinrich von Kleist und Georg Büchner die Wirklichkeit nur als zerbrochene und bruchstückhafte erlebt hätten und entsprechend Stilbrüche und Mischformen eingesetzt hätten, um Teile von Wirklichkeit zu beschreiben und eine neue Realität zum Ausdruck zu bringen.

Sozialistischer Realismus

Georg Lukács' Literaturkonzept wurde in den 1950er Jahren zu einem verbindlichen Maßstab für die Kulturpolitik der DDR. Die SED forderte eine realistische Kunst, die sich inhaltlich auf gesellschaftliche Verhältnisse bezieht und an der Verwirklichung des neuen sozialistischen Menschen mitarbeitet. Diese als ›sozialistischer Realismus‹ bezeichnete Literaturtheorie wurde zu einer politischen Leitlinie für die Kunst. In ihren Reden hat sich Anna Seghers wiederholt von den engen Vorgaben distanziert und für mehr Offenheit statt Bevormundung und Zensur ausgesprochen.[20]

19 Lukács (s. Anm. 9), S. 240–270, insbesondere S. 241, 248.
20 Ilse Nagelschmidt / Sina Meißgeier, »Ein Leben zwischen den Zeiten und den Orten«, in: *Anna Seghers-Handbuch*.

Ende der 1960er Jahre erkrankte Anna Seghers schwer und es waren längere Krankenhausaufenthalte nötig. Am 3. Juli 1978 starb ihr Mann. Anna Seghers erhielt noch weitere Ehrungen in der DDR und im Westen: 1972 die Ehrenbürgerschaft der Universität Mainz und 1981 die der Stadt Mainz. Im hohen Alter wurde sie zunehmend gebrechlich und verbrachte die letzten anderthalb Jahre in einem Pflegeheim. Sie starb am 1. Juni 1983 in Berlin. Ihre Wohnung in der späteren Anna-Seghers-Straße 81 wurde zu einer Gedenkstätte umgewandelt, ihren Nachlass verwaltet die Akademie der Künste.

Das Ende

Werkübersicht

Das Erzählwerk von Anna Seghers umfasst eine Zeitspanne von der Weimarer Zeit über das Exil bis zur DDR. Einige Texte haben eine nachhaltige Wirkung, andere sind zeitlich überholt und inzwischen vergessen. Im Folgenden wird eine exemplarische Auswahl aus ihrem umfangreichen Erzählwerk vorgestellt.

Romane

1932 Die Gefährten

Bereits in diesem ersten Roman klingt ein Grundthema von Anna Seghers an: der revolutionäre Aufbruch in verschiedenen Ländern und die Bereitschaft von

Leben – Werk – Wirkung, hrsg. von Carola Hilmes und I. N., Berlin 2020, S. 3–36, hier S. 30.

Männern und Frauen, für eine übergreifende politische und menschliche Idee Opfer zu bringen. Der Roman, der ein normales Leben außerhalb des Klassenkampfes ausblendet, stand in einem starken Kontrast zur Realität kurz vor der Machtergreifung Hitlers.

1933 Der Kopflohn

Dieser Roman stellt einen Gegenentwurf zu den *Gefährten* dar. Er beschreibt das alltägliche Leben im Nationalsozialismus mit Gewalt, Terror, Verrat, aber auch menschlicher Unterstützung. Der Roman fand kaum Leser.

1942 Das siebte Kreuz. Roman aus Hitlerdeutschland

Erzählt wird die Geschichte der Flucht von sieben politischen Häftlingen aus dem fiktiven KZ Westhofen im Oktober 1937. Sechs werden gestellt, nur Georg Heisler gelingt die Flucht, deren Stationen, Wege, Verstecke und Bedrohungen dargestellt werden. Seine Flucht gelingt durch die Solidarität und Mitmenschlichkeit anderer. Die Zahl sieben ist ein wichtiges Strukturelement des Romans: sieben Tage Flucht, sieben Kapitel, sieben Häftlinge und sieben Platanen mit einem Querbalken, auf denen sechs der Geflohenen im KZ ausgestellt werden. Nur das siebte Kreuz bleibt leer. Angespielt wird auf die sieben Tage der Schöpfungsgeschichte und die Passionsgeschichte Christi.

1959 Die Entscheidung

Der Roman spielt zwischen 1947 und 1951 in Ost- und Westdeutschland, in den USA und Mexiko. Im Zentrum steht der Aufbau eines Stahl- und Walzwerks in dem fiktiven Ort Kossin, der mit einer geschichtlichen Perspektive verbunden ist: dem Aufbau einer neuen sozialistischen Gesellschaft. Dem steht der Westen mit seiner Wiederherstellung bürgerlich-kapitalistischer Strukturen gegenüber. Der Titel bezieht sich auf die Entscheidung, im sozialistischen Osten oder kapitalistischen Westen zu leben.

1968 Das Vertrauen

Dieser zweite Roman mit DDR-Thematik schließt inhaltlich und formal an *Die Entscheidung* an. Im Mittelpunkt steht der Volksaufstand vom 17. Juni 1953, der jedoch nicht durch sowjetische Panzer niedergeschlagen, sondern von Arbeitern beigelegt wird. In ihrer Darstellung folgt Anna Seghers der offiziellen Parteilinie, für die der Aufstand eine vom Westen mit Sabotage und Agitation unterstützte Konterrevolution war.[21] Ästhetisch und formal fallen beide DDR-Romane hinter das Niveau ihrer Exilromane zurück.

21 Zehl Romero (s. Anm. 16), S. 125.

Erzählungen

1928 Aufstand der Fischer von St. Barbara
Auf der fiktiven Insel St. Barbara ermutigen die Aufständischen Johann Hull und Andreas Bruyn die Fischer zu einem Aufstand gegen eine Fischfangfirma, die sie ausbeutet. Der Aufstand wird niedergeschlagen, Andreas erschossen und Hull verhaftet. Johann Hull verkörpert den Typ des Messias mit großer Ausstrahlungskraft, der keiner Parteidisziplin folgt.

1946 Der Ausflug der toten Mädchen
Die Ich-Erzählerin lebt als Emigrantin in Mexiko und erinnert sich auf einem Spaziergang an einen Schulausflug in ihrer Jugend vor dem Ersten Weltkrieg. Bilder und Szenen aus der Vergangenheit tauchen auf und verschwimmen mit den Eindrücken der Gegenwart. Auf mehreren Zeitebenen wird von früheren Schulkameradinnen erzählt, die sich zu Verräterinnen und Anhängern des Nazi-Regimes entwickeln, aber auch von Leni, einer Widerstandskämpferin, die im KZ zugrunde geht. Die Erzählung ist biografisch gefärbt.

1967 Das wirkliche Blau. Eine Geschichte aus Mexiko
Der mexikanische Töpfer Benito stellt eine Töpferware in einem einzigartigen Blau her. Als in Europa der Krieg ausbricht und die Lieferketten zusammenbrechen, fehlt ihm der blaue Farbstoff. Er bricht zu einer

langen Reise auf, um in den Bergwerken Mexikos nach dem Farbstoff zu suchen, was ihm schließlich gelingt. Benito verkörpert einen Künstler, der in seiner Kunst Schönheit und Nützlichkeit (Gebrauchsgegenstand) miteinander verbindet. Mit dem Blau wird ein Motiv der Romantik aufgenommen: die ›blaue Blume‹, die für Poesie steht.

1971 Überfahrt. Eine Liebesgeschichte

Auf seiner Schiffsreise von Brasilien nach Europa berichtet der Arzt Ernst Triebel einem Ingenieur von seiner Liebesgeschichte zu einer Brasilianerin, die am Ende scheitert. Motive von Schifffahrt und Übergang in eine neue Welt verbunden mit Verlust- und Grenzerfahrungen in der Spanne von Heimat und Fremde klingen an.

1975 Steinzeit

Steinzeit ist eine bedeutende Erzählung des Spätwerks von Anna Seghers. Sie handelt von dem Vietnam-Soldaten Gary, der ein Flugzeug entführt und droht, es auf ein Atomkraftwerk stürzen zu lassen. Er erpresst sich damit Geld und ist seitdem auf der Flucht, auf der er Stück für Stück einen Teil seiner Identität verliert. In Kolumbien stürzt er schließlich im steinigen Hochgebirge in den Tod. Der Titel bezieht sich auf den Ausspruch des amerikanischen Generals Curtis Emerson LeMay, er würde nicht davor zurückschrecken, Vietnam in die Steinzeit zurückzubomben.

1990 Der gerechte Richter. Eine Novelle
Die Erzählung spielt in einem sozialistischen Land. Ein junger Richter weigert sich, den Angeklagten Gasko, den er für unschuldig hält, für schuldig zu erklären. Trotz Druck von oben bleibt er standhaft und bekommt eine mehrjährige Haftstrafe. Die Behandlung der Brechung des Rechtssystems in einem sozialistischen Staat ist ein möglicher Hinweis auf innere Konflikte der Autorin angesichts der politischen Verwerfungen in der DDR (Schauprozesse). Aber die Erzählung wurde nicht abgeschlossen und bietet daher keine Lösung.

Erzählsammlungen

1962 Karibische Geschichten
Die drei Geschichten sind durch das Thema der gescheiterten Revolution, der Sklavenaufstände auf den Antilleninseln um 1800 und des Kampfes um die nationale Selbständigkeit miteinander verbunden. Inhalt der Geschichte *Die Hochzeit von Haiti* (1949) ist der Sklavenaufstand in Haiti im 19. Jahrhundert unter dem Revolutionsführer Toussaint l'Ouverture, der von den Franzosen niedergeschlagen wird. Toussaint wird festgenommen und stirbt in französischer Gefangenschaft. Um den gescheiterten Aufstand von Sklaven geht es auch in *Wiedereinführung der Sklaverei in Guadeloupe* (1949). *Das Licht auf dem Galgen* (1961) bezieht sich auf die Erhebung der Sklaven und ihre Niederschlagung auf der von England besetzten

Insel Jamaika. Von den drei Akteuren kann einer fliehen, einer wird zum Verräter und Sasportas, ein spanischer Jude, der die Revolution nicht verrät, um sich zu retten, wird erhängt. Er ist eine Märtyrerfigur. Der Dramatiker Heiner Müller hat Elemente dieser Erzählung in seinem Stück *Der Auftrag* (1979) verwendet.

1965 Die Kraft der Schwachen. Neun Erzählungen
Von den neun Erzählungen, die von einfachen, unheroischen Menschen handeln, gehörten die folgenden zur Schullektüre in der DDR: Die Titelfigur von *Agathe Schweigert* ist eine blasse Frau, die aus Liebe zu ihrem Sohn Spanienkämpfer und Antifaschisten unterstützt. *Das Schilfrohr* handelt von der Treue und Stärke einer gewöhnlichen Frau, Marta Emrich, die während des Kriegs den Widerstandskämpfer Kurt Steiner rettet. In *Das Duell* stehen sich Professor Winkelfried und der Lehrer Karl Bötcher, den Winkelfried einst an die Nazis verraten hat und der darauf ins KZ kam, als Gegner gegenüber. Gegen die Bestrebungen Winkelfrieds hilft der Lehrer einem Arbeiter, sein Studium erfolgreich zu beenden. Das verbindende Thema in den Geschichten dieses Erzählzyklus ist die Flucht, Verfolgung, Heimkehr und Widerstandskraft Einzelner.

1973 Sonderbare Begegnungen
Die Erzählung *Reisebegegnung* (1972) dieses Zyklus hat eine hohe Aufmerksamkeit auf sich gezogen. Die drei Dichter E. T. A. Hoffmann, Nikolai Gogol und

Franz Kafka treffen sich um 1922 in einem Café in Prag, lesen aus ihren Werken und führen ein Gespräch über Literatur und Kunst, das Phantastische und Wirkungsmöglichkeiten von Literatur. Die Bedeutung des Texts liegt in der kritischen Abgrenzung vom sozialistischen Realismus und der Ablehnung Kafkas als dekadenter Autor in der DDR.

1980 Drei Frauen aus Haiti
Die Erzählungen, in deren Mittelpunkt Frauen stehen, gehören zum Alterswerk der Autorin. In *Das Versteck* kann die Haitianerin Toaliina von dem Schiff spanischer Eroberer, die sie mit anderen Mädchen nach Europa bringen wollen, fliehen. Sie versteckt sich in einer Berghöhle, bis am Ende ein schwerer Sturm diese Höhle zerstört und sie von der Meeresbrandung fortgerissen wird. Sie entgeht zwar der Sklaverei, bleibt aber ein Leben lang eine Gefangene. In *Der Schlüssel* befreit der Sklave Amédée während des Sklavenaufstandes auf Haiti Claudine, die zur Strafe in einem Wandgefängnis von ihrer Herrschaft eingeschlossen worden war, mit einem Schlüssel. Der Schlüssel wird zu einem Symbol für die Befreiung. Das Motiv der Befreiung einer eingesperrten und zurückbleibenden Frau wiederholt sich in *Die Trennung*; die Geschichte spielt auf Haiti zur Zeit der Herrschaft von Jean-Claude Duvalier im 20. Jahrhundert.

Märchen, Sagen, Legenden

Mit Märchen, Sagen und Legenden öffnet sich Anna Seghers dem Wunderbaren und Phantastischen in der Literatur.

1924 Die Toten auf der Insel Djal. Eine Sage aus dem Holländischen. Nacherzählt von Antje Seghers
Diese erste Erzählung von Anna Seghers spielt im 16./17. Jahrhundert auf der fiktiven Insel Djal. Der Pfarrer Jan Seghers bestattet schiffbrüchige Seeleute, damit ihre Seelen Ruhe finden. Er ist selbst ein zurückgekehrter Toter. Mit der Berührung der Sphäre der Toten und Lebenden führt die Geschichte in den Bereich der Phantastik.

1938 Sagen von Artemis
Fünf Jäger erzählen in einer Waldschenke von der Begegnung mit Artemis, der Göttin der Jagd und der Wälder, die ihr Leben verändert hat. Nur der junge Jäger erzählt keine Geschichte, sondern ist auf eine junge Magd unter ihnen konzentriert. Als sie von draußen nicht mehr zurückkehrt, erkennen sie in ihr die Göttin Artemis, die in ihre Wälder zurückgeht. In den Sagen drückt sich eine Kunstauffassung aus: Die Berührung mit dem Göttlichen verzaubert den Menschen, aber nur, wenn er für das Wunderbare offen ist.

1939 Reise ins Elfte Reich
Berichtet wird von einer Welt, in der nichts so ist, wie es normalerweise den Tatsachen entspricht. Die Dinge werden ins Gegenteil verkehrt. Auswanderer brauchen für das Elfte Land keinen Pass. Im Gegenteil, wer einen Pass besitzt, wird abgewiesen. Orden werden nicht für Verdienste getragen, sondern für unerfüllte Pflichten. Umrissen wird eine Gegenwelt zur Erfahrungswelt von Emigranten.

1949 Das Argonautenschiff. Sagen von Jason
Zugrunde liegt die antike Argonautensage von Jason, der mit Hilfe seiner Frau Medea das goldene Vlies aus Kolchos im Kaukasus raubt. Jason tritt als Fremder in einer Hafenkneipe auf. Er erfährt von einem Wald, in dem seit Jahrtausenden berühmte Schiffe zwischen Bäumen aufgehängt werden, auch das Wrack seines Schiffes, der Argo, hängt dort. Erschöpft lässt er sich darunter nieder und wird von dem herabstürzenden Wrack erschlagen. Wie es prophezeit war, geht er mit dem Schiff unter. Im Motiv der Heimkehr in eine fremdgewordene Heimat reflektiert Anna Seghers das Thema Rückkehr aus dem Exil.

Hörspiele

Das Hörspiel **Der Prozess der Jeanne d'Arc zu Rouen 1431** entstand im Pariser Exil und wurde 1937 vom Flämischen Rundfunk gesendet. Der historische Stoff spiegelt Verhältnisse in Deutschland. Der Schwerpunkt liegt auf dem Inquisitionsprozess in Rouen. Es ist das einzige Mal, dass eine Frau als Widerstandskämpferin und Märtyrerin bei Anna Seghers auftritt. Sie verkörpert das unterdrückte Volk und gibt auch angesichts des Todes auf dem Scheiterhaufen nicht auf. Bertolt Brecht hat aus dem Hörspiel eine Bühnenfassung gemacht, die 1952 am Berliner Ensemble aufgeführt wurde.

Ein ganz langweiliges Zimmer. Ein Hörspiel wurde 1938 vom Flämischen Rundfunk gesendet. Ein Baumwollpflücker, eine Weberin, ein schwedischer und kaukasischer Bergmann und ein Flößer erzählen einem Jungen, unter welchen Arbeitsbedingungen sie die Gegenstände, die sich in seinem Zimmer befinden, hergestellt haben. Sie verdeutlichen den Wert dieser Gegenstände.

Das Kurzhörspiel **Die Stiefel** (1949) ist eine Episode aus dem Roman *Die Toten bleiben jung*. Ein junger Soldat erzählt seiner Mutter von der Erschießung unschuldiger Menschen bei der Besetzung Odessas. Thema ist der moralische Zwiespalt dessen, der im Krieg auf Befehl handelt.

Reden, Vorträge, Essays

Anna Seghers hat ein umfangreiches publizistisches und essayistisches Werk hinterlassen, in dem sie zu aktuellen politischen Ereignissen und kunsttheoretischen Fragen Stellung bezieht. Auf dem 1. Internationalen Schriftstellerkongress zur Verteidigung der Kul-

Reden im Exil

tur in Paris 1935 hat sie eine vielbeachtete Rede »Vaterlandsliebe« gehalten, in der sie versucht, den Begriff ›Vaterland‹, der durch den Ersten Weltkrieg und Nationalsozialismus ideologisch vereinnahmt worden war, neu zu bestimmen. Sie wertet ihn positiv auf und beruft sich dabei auf Dichter des 19. Jahrhunderts, wie Georg Büchner und Friedrich Hölderlin, die mit dem Vaterland tief verbunden waren.

Reden in der DDR

In den 1950er Jahren hat sie sich in vielen Reden für den Frieden eingesetzt und den Beitrag der Kultur für den Friedensprozess thematisiert.[22] Es war ihr Anliegen, als Schriftstellerin didaktisch, volkserzieherisch wirksam zu sein. Wiederholt verteidigte sie in den 1960er Jahren die Literatur gegen ideologische Verengungen und dogmatische ästhetische Vorgaben des Zentralkomitees und plädierte für eine Liberalisierung der Kulturpolitik.

Beiträge in Zeitungen/ Zeitschriften

Im Vordergrund ihrer Beiträge in Zeitungen und Zeitschriften stand Anna Seghers' gesellschaftliches Engagement. Während ihrer Exilzeit in Frankreich setzte sie sich für die Bildung einer antifaschistischen Widerstandsfront ein. In Mexiko entwickelte sie in »Deutschland und wir« die Idee einer Kulturnation nach der Entfaschisierung Deutschlands.[23]

22 Seghers (s. Anm. 8), S. 208–211.
23 Seghers (s. Anm. 8), S. 186–191.

Literaturgeschichtliche Einordnung

Die klassische deutsche Exilliteratur ist innerhalb der Literaturgeschichte zu einem Epochenbegriff geworden, der mit der ›Machtergreifung‹ Hitlers 1933 beginnt und mit der bedingungslosen Kapitulation der deutschen Wehrmacht 1945 endet. Die Exilliteratur umfasst deutschsprachige Autoren wie Thomas und Heinrich Mann, Lion Feuchtwanger, Bertolt Brecht und Anna Seghers, die vor den Nationalsozialisten aus Deutschland geflüchtet sind. Bezeichnend für die Exilliteratur ist der enge Zusammenhang zwischen Literatur und politischer Geschichte (NS-Regime, Judenverfolgung, Krieg).

■ Exilliteratur 1933–45

Der Roman wurde zu einer leitenden Gattung der Exilliteratur mit zwei großen Themenschwerpunkten: das nationalsozialistische Deutschland (Anna Seghers, *Das siebte Kreuz*, 1942) und die Exilsituation (Klaus Mann, *Der Vulkan*, 1939; Lion Feuchtwanger, *Exil*, 1940 und Anna Seghers, *Transit*, 1944). Das Themenspektrum umfasste Erfahrungen von Fremdheit, Isolation und Ausgrenzung im Alltag, Heimat- und Identitätsverlust, Flucht, Krieg und Deportation. Historischer Bezugspunkt für Exilschriftsteller war das nationalsozialistische Deutschland, von dem sie sich abgrenzten und gegen das sie anschrieben.

■ Der Exilroman

Eine etwas andere Einordnung hat die Literaturgeschichtsschreibung der DDR vorgenommen, für sie galt Exilliteratur als Übergangsliteratur von der bürgerlich-humanistischen zur sozialistischen Litera-

■ Literaturgeschichte der DDR

tur.[24] Vertreter der sozialistischen Literatur wie Anna Seghers und Arnold Zweig hatten Vorbildfunktion und wurden in den Schulkanon aufgenommen. Da die Figuren in *Transit* keine Vorbilder für sozialistisches Verhalten waren, gehörte der Roman nicht zur Schullektüre.

Moderne Exilliteratur

Die Thematisierung grundlegender Exilerfahrungen verbindet *Transit* mit der modernen Exilliteratur, auch wenn die historischen Kontexte und die Beweggründe, ins Exil zu gehen, sich verändert haben. Aber die Erfahrung von Heimatverlust, Entwurzelung und Exil als Zustand des Unterwegs- und Dazwischenseins behandeln auch gegenwärtige Romane wie *Zwischenstationen* (1999) von Vladimir Vertlib, Saša Stanišićs *Wie der Soldat das Grammofon repariert* (2006) oder *Ohrfeige* (2016) von Abbas Khider. Sie schreiben über die gefährliche Flucht, die von Gewalt beherrschte Heimat, den Kampf um Ausweispapiere, das Warten und die Erfahrung kultureller Fremdheit und gesellschaftlicher Ausgeschlossenheit.

24 Lutz Winckler, »Exilliteratur und Literaturgeschichte – Kanonisierungsprozesse«, in: *Handbuch der deutschsprachigen Exilliteratur. Von Heinrich Heine bis Herta Müller*, hrsg. von Bettina Bannasch und Gerhild Rochus, Berlin/Boston 2013, S. 171–202, hier S. 189, 192.

8. Rezeption

Obwohl Anna Seghers durch den Erfolg des Romans *Das siebte Kreuz* in den USA sehr angesehen war, setzte sich *Transit* bei den amerikanischen Leserinnen und Lesern nicht durch. Die Geschichte war ihnen zu wenig spannend, der Held nicht kämpferisch genug und seine Sicht auf die Flüchtlingssituation unverständlich. Linke Exilanten in Mexiko reagierten enttäuscht, weil die Darstellung von Antifaschisten nicht ihren Vorstellungen entsprach. In der Sowjetunion galt der Roman als dekadent (entartet) und zu pessimistisch und wurde daher erst 18 Jahre nach seinem Erscheinen veröffentlicht. Als der Roman 1947 in Frankreich erschien, reagierte die Literaturkritik zurückhaltend. Gegenwärtig spielt *Transit* aufgrund der aktuellen Flüchtlingsproblematik eine große Rolle. Marseille hat als Kulturhauptstadt 2013 in zwei Erinnerungsstrecken Anna Seghers' gedacht und Szenen aus *Transit* aufgeführt.

■ Frühe Rezeption

Die Rezeption des Werks von Anna Seghers ging aufgrund unterschiedlicher weltanschaulicher, politischer und literaturtheoretischer Positionen in beiden Teilen Deutschlands eigene Wege.

■ BRD/DDR

In der DDR wurde der Roman bei seinem Erscheinen 1951 zwiespältig aufgenommen, vor allem der Schluss wurde als unglaubwürdig und beschönigend angesehen.[25] Auch war das Exilthema in den Anfangs-

■ Rezeption in der DDR

25 Vgl. Schlenstedt (s. Anm. 3), S. 346.

jahren der DDR unerwünscht, bevorzugt wurden Gegenwartsthemen (DDR-Aufbau). Zwanzig Jahre lang blieb der Roman unbeachtet mit Ausnahme eines Essays von Paul Rilla, der den Roman als ein Meisterwerk lobte und die Bürokratie als kafkaesk bezeichnete.[26]

Politisch-ideologische Lesarten

Tendenziell dominierte in der DDR-Rezeption bis in die 1970er Jahre eine politisch-ideologische Lesart, die vom sozialistischen Menschen- und Geschichtsbild ausgeht. In dieser Perspektive wird auf den Reifeprozess des Helden, der vom Sich-Treiben-Lassen zum bewussten politischen Handeln führt, und auf die Überwindung des Faschismus durch Integration des Einzelnen in den gemeinsamen Widerstand, fokussiert.[27] Die Liebesgeschichte, die Identitätsproblematik und die Funktion des Erzählens blieben weitgehend ausgespart, dafür erhielt die Figur Heinz als ›antifaschistischer Widerstandskämpfer‹ ein hohes Gewicht. Ausgehend von einer geschichtsphilosophischen Perspektive und dem Zukunftsmodell einer besseren sozialistischen Gesellschaft interpretiert Frank Wagner das Exil im Roman als ein Durchgangsstadium der Geschichte auf dem Weg dahin.[28] Die Entwicklung des flüchtigen Helden zu einem, der be-

26 Vgl. Paul Rilla, »Die Erzählerin Anna Seghers«, in: *Sinn und Form* 2 (1950) H. 6, S. 83–113.

27 Vgl. Heinz Neugebauer, *Anna Seghers. Ihr Leben und Werk*, Berlin 1970, S. 113 f.; Hans Kaufmann / Dieter Schiller (Hrsg.), *Geschichte der deutschen Literatur von den Anfängen bis zur Gegenwart*, Bd. 10: *1917 bis 1945*, Berlin 1973, S. 556 f.

28 Vgl. Frank Wagner, *›… der Kurs auf die Realität‹. Das epische*

reit ist zum politischen Widerstand, markiere einen geschichtlichen Wendepunkt. Wagner geht allerdings auch auf die Liebesgeschichte ein.

Das hohe Ansehen von Anna Seghers in der DDR hat in Westdeutschland zu einer Abwertung der Autorin bis in die 1970er Jahre und 1962 zu Aufrufen gegen die Herausgabe einer Werkausgabe geführt.[29] *Transit* erschien erst 1963 in der BRD.

Rezeption in der BRD

Der überwiegende Teil der Literaturkritik dieser Jahre hat den Roman aus seinem zeitgeschichtlichen Zusammenhang herausgelöst und ihn als Entfremdung des modernen Menschen interpretiert[30] oder als ein Sinnbild des absurden Daseins, dem der Einzelne ausgeliefert sei.[31] In diesen existentialistischen Lesarten wird der Roman tendenziell enthistorisiert und findet die Figur Heinz keine Beachtung.

Literaturkritik

Existentialistische Deutung

Mitte der 1970er Jahre wurden die Deutungsmöglichkeiten des Romans um Aspekte der Identitätsproblematik, der Selbstfindung des Helden[32] und der

Werk von Anna Seghers (1935-1943), Berlin 1975, S. 229, 237, 240.

29 Vgl. Valentin Merkelbach, »Fehlstart Seghers-Rezeption. Vom Kalten Krieg gegen die Autorin in der Bundesrepublik«, in: *Anna Seghers Materialienbuch*, hrsg. von Peter Roos und Friederike J. Hassauer-Roos, Darmstadt 1977, S. 9–25.

30 Vgl. Christa Degemann, *Anna Seghers in der westdeutschen Literaturkritik 1946 bis 1983. Eine literatursoziologische Analyse*, Köln 1985, S. 180–182.

31 Vgl. Marcel Reich-Ranicki, »Die kommunistische Erzählerin Anna Seghers«, in: M. R.-R., *Deutsche Literatur in West und Ost. Prosa seit 1945*, München 1963, S. 354–385, hier S. 374–376.

32 Vgl. Jörg B. Bilke, »Sturz aus der Geschichte? Anna Seghers'

Neue Sichtweisen

Funktion mythologischer Elemente erweitert. Hans-Albert Walter hebt die erzählerische Komplexität und den Kunstcharakter des Romans hervor, der sich in seinem ästhetischen Verfahren zeige, mythische Motive umzubilden und die historische Wirklichkeit so zu verändern und neu zu montieren, dass der Roman die Wirklichkeit nicht oberflächlich abbilde, sondern neugestalte.[33] Müller-Salget distanziert sich von existentialistischen Interpretationen und deutet aufgrund des mythologischen Leitmotivs von der Fahrt der Lebenden über den Totenfluss die Exilsituation als ein Totenreich.[34]

Exilliteratur

In den 1970er/80er Jahren erlebte die Rezeption von Anna Seghers einen neuen Aufschwung durch die beginnende Exilforschung in der Literaturwissenschaft, die den Roman in den Kontext der Exilliteratur einordnete.[35]

Rezeption im geeinten Deutschland

Eine neue Rezeptionsphase setzte nach 1989 mit einem deutlichen Schwerpunkt auf dem mündlichen Erzählen und seiner Funktion im Roman ein. Das Erzählen wurde mit Positionen Walter Benjamins zum

Roman *Transit*«, in: *Die deutsche Exilliteratur. 1933–1945*, hrsg. von Manfred Durzak, Stuttgart 1973, S. 312–325, hier S. 318; Erika Haas, *Ideologie und Mythos. Studien zur Erzählstruktur und Sprache im Werk von Anna Seghers*, Stuttgart 1975, S. 99–107, 79–81.

33 Vgl. Walter (s. Anm. 3), S. 125–128.

34 Vgl. Müller-Salget (s. Anm. 7), S. 333–354.

35 Vgl. Hans-Albert Walter, »Eine deutsche Chronik. Das Romanwerk von Anna Seghers aus den Jahren des Exils«, in: *Anna Seghers aus Mainz*, hrsg. von Walter Heist, Mainz 1973, S. 13–47, hier S. 33 ff.; Stephan (s. Anm. 14).

Stand des Erzählens in der Moderne in Zusammenhang gebracht (siehe Abschnitt »Das Erzählkonzept des Romans« in Kapitel 6). Gertraud Gutzmann hebt den sozialen, gemeinschaftsstiftenden Aspekt des mündlichen Erzählens und seine Funktion der Krisenbewältigung hervor.[36] Nach Jürgen Barkhoff werden durch die Rückkehr des mündlichen Erzählers im Roman Erfahrungen von Krieg und Zerstörung wieder erzählbar und vermittelbar gemacht.[37]

Ab den 2000er Jahren wird die Besonderheit der Exilsituation im Roman aus raum-, kultur- und gedächtnistheoretischer Perspektive erschlossen. Christina Thurner definiert ›Exil‹ als einen Zwischenbereich, der mit Heimatverlust verbunden ist und das Gegenteil von Heimat ist. Es ist kein Ort, an dem man wohnt, zu dem man gehört und der eine stabile Ordnung hat. ›Exil‹ ist in dieser Sicht ein Nicht-Ort ohne festen Boden und steht für Entwurzelung und Entortung.[38] Die Folge sei eine Zersetzung der Identität des Erzählers.

■ Raumtheoretische Perspektive

An die raumtheoretischen Überlegungen von Thurner schließt Lars Wilhelmer in seiner Studie über Transit-Orte in der Literatur an (vgl. Abschnitt »Der

■ Transit-Orte

36 Gertraud Gutzmann, »Bei Gelegenheit der *Transit*-Lektüre. Die Erzählkonzeption der Anna Seghers«, in: *Faschismuskritik und Deutschlandbild im Exilroman*, hrsg. von Christian Fritsch und Lutz Winckler, Berlin 1981, S. 178–191, hier S. 183 f.

37 Barkhoff (s. Anm. 12), S. 222, 226, 232.

38 Christina Thurner, *Der andere Ort des Erzählens. Exil und Utopie in der Literatur deutscher Emigrantinnen und Emigranten 1933–1945*, Köln/Weimar/Wien 2003, S. 8, 11, 61.

erzählte Raum« in Kapitel 4).[39] Das Transitorische wird nach Wilhelmer räumlich inszeniert in Orten des Über-/Durchgangs und es ist nicht nur ein Gegenstand des Romans auf der Inhaltsebene, sondern auch ein Merkmal der Erzählebene.

■ Erzählen und Erinnern

In seiner Analyse der mündlichen Erzählsituation in *Transit* schließt Lutz Winckler ebenfalls an das Erzählkonzept von Walter Benjamin an und arbeitet den Zusammenhang von Exil, Erzählen und Erinnern im Roman heraus.[40] In der Form des episodisch-chronikalischen Erzählens, bei dem die vielen Geschichten und Episoden miteinander verknüpft werden, bewahre der Roman die Erinnerung an die katastrophische Situation im Exil.

■ Mediale Adaptionen

■ Theater

Das Theaterstück *Transit Europa. Der Ausflug der Toten* (1984/85), eine freie dramatische Adaption von Volker Braun, wurde am 30. Januar 1988 am Deutschen Theater in Berlin unter der Regie von Friedo Solter uraufgeführt. Der Handlungsverlauf folgt dem Roman mit zwei Einschüben anderer Texte. Das Bleiben am Rande Europas wird als Widerstand gegen die Nazis gedeutet.

■ Verfilmungen

Von Ingemo Engström und Gerhard Theuring stammt die TV-Sendung *Fluchtweg nach Marseille* mit dem Untertitel *Bilder aus einem Arbeitsjournal (1977)*

39 Wilhelmer (s. Anm. 1).

40 Lutz Winckler, »Eine Chronik des Exils. Erinnerungsarbeit in Anna Seghers' *Transit*«, in: *Katastrophe und Gedächtnis*, hrsg. von Thomas Klinkert und Günter Oesterle, Berlin/Boston 2014, S. 148–166.

zu dem Roman Transit (1941) von Anna Seghers. Gemischt werden Spielszenen, Berichte von Zeitzeugen, Archivmaterial und Textstellen aus dem Roman. Der Film wurde am 12.10.1977 im Rahmen der Internationalen Filmwoche Mannheim uraufgeführt. *Transit Marseille* ist ein Film nach Motiven des Romans von Norbert Beilharz und wurde am 19. 11. 1985 im ZDF ausgestrahlt. Nur der Ich-Erzähler und Marie treten als Figuren auf, die anderen Figuren kommen lediglich als Stimmen vor. Die Szenen spielen an Originalschauplätzen in Marseille und der Sohn von Anna Seghers berichtet von der damaligen Situation. Dadurch erhält der Film dokumentarischen Charakter.

René Allio

Der französische Filmemacher René Allio verfilmte den Roman *Transit*, ausgestrahlt am 25. 8. 1991 im ZDF.

Abb. 7: Paula Beer als Marie und Franz Rogowski als Georg in dem Film *Transit* (2018). – © Schrammfilm, Christian Schulz

Gezeigt werden die Ängste, Hoffnungen und Illusionen der Menschen im babylonischen Marseille. *Transit* ist ein deutsch-französischer Spielfilm von Christian Petzold (2018), in dem die Handlung in die Gegenwart von Marseille verlegt wird. Erzählt wird aus der Perspektive eines Barkeepers. Der Protagonist erhält den Namen Georg, womit auf die Ähnlichkeit zwischen *Transit* und *Das siebte Kreuz* und seinem Helden Georg Heisler hingedeutet wird. Er ist ein politischer Flüchtling, der wegen der Besetzung von Paris nach Marseille flüchtet. Im Zentrum steht die Liebesgeschichte zwischen Georg und Marie. Nachdem Marie mit dem Arzt abgefahren ist, bleibt Georg im Café Mont Ventoux und hofft, Marie eines Tages wiederzusehen.

■ Aktualität

Um Bezüge zwischen dem Roman und dem gegenwärtigen Leser herzustellen, bieten sich als Ansatzpunkte das moderne Exil und die Migration an.

■ Parallele zur gegenwärtigen Migration

Angesichts der weltweiten Migrationsbewegungen, verursacht durch Kriege, politische, rassische Verfolgung, wirtschaftliche Not und insbesondere des Zustroms von Flüchtlingen aus Kriegsgebieten, aus Afghanistan und der afrikanischen Sahelzone nach Europa besitzt *Transit* eine hohe Aktualität. Vergleichbar mit der Welt der Transitären im Roman ist der Zwischenzustand von Migranten nach ihrer Ankunft in Europa/Deutschland, dem Warten, den Behördengängen und der Hoffnung auf Asyl, Bleiberecht und Arbeit. Für die Migranten geht es um verlorene und neu zu beschaffende Papiere, um den Verlust ihres bisherigen Lebens und den Wunsch anzukommen und sich ein neues Leben aufbauen zu können.

Auch wenn sich die Historie verändert hat, so bestehen zwischen *Transit* und der gegenwärtigen Exilliteratur thematische Verbindungen: Ausgrenzung, Flucht, Verfolgung, Identitätsverlust. Allerdings haben sich die Perspektiven verschoben, indem moderne Fluchterfahrungen, das Überschreiten kultureller Grenzen (Transkulturation), Fremdheitserfahrung und Mehrfachidentitäten in den Fokus rücken.

Modernes Exil

9. Wort- und Sacherläuterungen

5,3 **Dakar:** Hauptstadt des Senegal im Nordwesten Afrikas.

5,4 **Martinique:** eine Insel der Karibik, gehört zu den Kleinen Antillen.

5,25 f. **Fort Saint-Nicolas:** Festung und Gefängnis am Alten Hafen in Marseille.

6,7 **Brotkarten:** Berechtigungsscheine für Lebensmittel in Geschäften.

6,11 **Komitees:** Ausschüsse.

6,16 **Visum:** ein Stempelabdruck in einem Pass, der dazu berechtigt, eine bestimmte Zeit ein Land zu bereisen.

6,16 **Transit:** ein Durchreisevisum.

6,21 **Konsulate:** Auslandsvertretungen von Staaten.

6,22 **Präfektur:** Verwaltungssitz.

7,2 **Eisendrehers:** Eisendreher: eine im 19. Jahrhundert verwendete Bezeichnung für einen ›Dreher‹, der in der Herstellung von Bauteilen, z. B. von Schrauben oder Muttern, arbeitet.

7,21 f. **Prestataires:** Nach der Kriegserklärung von Frankreich und England am 3. September 1939 wurden männliche Staatsangehörige des Deutschen Reiches im Alter von 17 bis 56 (ca. 10 Tage später bis 65) Jahren interniert. Sie konnten ab Dezember in die französische Armee als ›Prestataires‹ eingegliedert werden und trugen die blauen Uniformen der französischen Armee des Ersten Weltkriegs.

8,11 **Jüngsten Gericht:** Jüngstes Gericht: die Vorstellung von einem göttlichen Gericht über alle Lebenden und

Toten und dem Ende des Weltgeschehens im Alten Testament.

8,12 **Kommandant:** Befehlshaber einer militärischen Einheit.

8,32 f. **Bürgerkrieges:** hier: Spanischer Bürgerkrieg (1936–39), in dem der nationalistisch-faschistische General Franco mit seinen Truppen gegen die demokratisch gewählte republikanische Regierung mit Unterstützung Hitlers und Mussolinis kämpfte und siegte.

8,33 **in südlichen Lagern:** Spanier und Angehörige der Internationalen Brigaden (Kommunisten, die gegen Franco kämpften) flohen 1939 nach der Niederlage der spanischen Republik über die Pyrenäen und wurden in Barackenlager eingesperrt.

9,16 **Loire:** Der Fluss wurde beim Waffenstillstand am 22. Juni 1940 als Demarkationslinie (Grenzlinie) zwischen der von Deutschen besetzten Zone und der unbesetzten Zone in Frankreich festgelegt.

9,31 **Camions:** Lastwagen.

10,33 **Fini:** fertig.

11,5 **Motorradfahrer:** hier: Erkunder/Melder per Kraftrad, auch Kradmelder genannt.

12,8 **Klumpfuß:** eine Verdrehung des Fußes; die Fußsohle schaut nach innen, teilweise auch nach oben.

12,31 **Hakenkreuz:** ein Kreuz mit vier angewinkelten Armen. 1920 wurde das Hakenkreuz mit einer Neigung um 45 Grad Kennzeichen der Nationalsozialistischen Partei (NSDAP). Es war antisemitisch und rassisch.

13,28 **Hakenkreuzfahne:** wurde 1933 als Reichsflagge eingeführt.

13,28 f. **Hôtel de Ville:** Rathaus.

13,29 f. **Hohenfriedberger Marsch:** ein Militärmarsch, der an den Sieg der Preußen über Österreich und Sachsen in der Schlacht bei Hohenfriedberg im Zweiten Schlesischen Krieg am 4. Juni 1745 erinnert.

14,6 **Clichy:** ein Vorort im Norden von Paris.

15,10 **von Kopf bis Fuß nicht auf Liebe eingestellt:** Anspielung auf das Lied »Ich bin von Kopf bis Fuß auf Liebe eingestellt«, das Friedrich Hollaender 1930 für den Film *Der blaue Engel* komponiert hat; gesungen von Marlene Dietrich. Dort heißt es allerdings: »von Kopf bis Fuß auf Liebe eingestellt«.

15,15 **Einmarsch der Deutschen:** am 14. Juni 1940 zog die deutsche Wehrmacht in Paris ein.

15,17 f. **über Russland bekamen wir Streit:** Anspielung auf den deutsch-sowjetischen Nichtangriffspakt vom 23. August 1939 (Hitler-Stalin-Pakt).

15,31 **Quartier Latin:** Studentenviertel in Paris.

16,4 **Paris Soir:** französische Tageszeitung (1923–44).

16,14 f. **Portiersfrauen:** Hausmeisterinnen am Eingang von Mietshäusern und Hotels, die auf das Kommen und Gehen von Leuten achten.

16,17 **sistiert:** festgenommen.

16,22 **Platanen:** Bäume; im Alter tragen sie eine graue Borke, die sich ablöst.

17,5 **Carrefour de l'Odéon:** Kreuzung/Ecke am Theater Odéon.

17,11 **en pique:** (frz.) im Sturzflug.

17,20 **ins Unbesetzte:** hier: von Deutschen nicht besetzte freie Zone.

18,2 **den Internationalen:** Gemeint sind die Internationalen Brigaden, kommunistische Kämpfer auf Seiten der Republikaner gegen den Diktator Franco im Spanischen Bürgerkrieg.

18,9 **Danger-Visum:** Visum für gefährdete Personen für die USA.

18,15 f. **Sauf-conduit:** Reiseerlaubnis bzw. ein Passierschein für Ausländer.

18,26 **Landsknecht:** im 15./16. Jahrhundert ein zu Fuß kämpfender Söldner, der gegen Sold (Lohn) in einem Heer kämpft.

21,14 **Gestapo:** Geheime Staatspolizei.

23,26 **machte Chichi:** machte Umstände.

25,11 **Patronin:** wörtlich Beschützerin; Wirtin des Hotels.

25,29 **Concorde:** Platz in Marseille.

26,5 **Cafard:** Niedergeschlagenheit, Unlust.

26,16 f. **Legitimationspapier:** ein Dokument.

28,24 f. **bewahrt hätten vor dem Übel:** ähnelt der Bittformel im Vaterunser »und bewahre uns vor dem Übel«.

30,5 f. **Pont d'Alma:** eine Straßenbrücke über die Seine in Paris.

32,8 f. **Hügel von Meudon:** ein Vorort von Paris.

32,30 **Vichy:** seit Juni 1940 Sitz der französischen Regierung unter Marschall Pétain im Süden Frankreichs.

32,33 **Zyklopen:** in der griechischen Mythologie Riesen mit nur einem Auge auf der Mitte der Stirn, Söhne von Gaia und Uranos und Menschenfresser.

33,19 **mystische:** dunkle, geheimnisvolle.

34,2 **dem Franco ausgeliefert:** nach dem Militärputsch 1936 wurde der General Franco von Italien und dem Deutschen Reich als Staatsoberhaupt Spaniens anerkannt. Er war nach der Niederlage der spanischen Republik 1939 Diktator bis 1975. 1938 Vereinbarung mit dem NS-Regime zur Auslieferung politischer Gefangener.

36,29 f. **Demarkationslinie:** trennt die von den Deutschen besetzte Zone im Norden Frankreichs von der unbesetzten Zone im Süden.

38,4 **Asyle:** Asyl: Schutz, Unterkunft von Verfolgten/Flüchtlingen.

38,6 f. **verbotenen Zone:** Nach dem Waffenstillstand war Frankreich in sieben Zonen aufgeteilt. Innerhalb der von Deutschen besetzten Zone gab es im Nordosten eine Zone, die dem Militärkommando in Brüssel angegliedert war, davor lag die ›verbotene Zone‹.

38,7 **elsässischen:** elsässisch: zum Elsass gehörend, einer Region im Osten Frankreichs.

38,7 **lothringischen:** lothringisch: zu Lothringen gehörend, einer Landschaft im Nordosten Frankreichs.

38,7 f. **Moseldepartements:** Moseldepartment: Verwaltungsbezirk im Nordosten Frankreichs mit der Hauptstadt Metz, benannt nach dem Fluss Mosel.

39,10 **Parole:** ein militärisches Kennwort/Passwort.

39,11 **Marseillaise:** französische Nationalhymne. Das Lied sangen Soldaten aus Marseille am 30. Juli 1792 beim Einzug in Paris.

40,9 **Völkerwanderung:** die Wanderung sehr verschiedener Stämme und Völkerschaften nach Süd- und Westeuropa in der Zeit vom Einfall der Hunnen in Europa um 375/376 bis zum Einfall der Langobarden in Italien 568.

40,9 **Vandalen:** ein germanischer Volksstamm, breitete sich während der Völkerwanderung im heutigen Spanien und Nordafrika aus.

40,9 **Goten:** ein ostgermanisches Volk, zog wie die Vandalen über südfranzösisches Land.

40,10 **Hunnen:** zentralasiatische Reitervölker.

40,10 **Langobarden:** ein Stamm, der ursprünglich an der unteren Elbe siedelte. Auch er durchzog das südfranzösische Land.

40,20 **demobilisiert:** entlassen/aufgelöst; Demobilisierung: die Auflösung einer Streitmacht.

40,28 **Frauenlager:** Camp de Gurs, in der Nähe der Pyrenäen, entstand 1939. Nach Kriegsbeginn gab es eine Anordnung der französischen Regierung, alle deutschen Frauen hier zu internieren.

42,2 **Grappe d'Or:** ein Restaurant.

42,4 **Aigne sur Auge:** Gemeinde im Weinanbaugebiet 23 km nordwestlich von Narbonne im Süden Frankreichs.

42,9 f. **bei der Abstimmung aus der Saar:** Am 13. Januar 1935 stimmte die Mehrheit für den Anschluss des Saargebiets an Deutschland.

42,27 **Nevers:** Stadt an der Loire in Zentralfrankreich, Verwaltungssitz.

44,2 **Häschern:** Häscher, veraltet für Verräter: Verfolger, Fänger.

44,9 **Bannmeile:** eine Schutzzone, in der politische Demonstrationen / öffentliche Versammlungen verboten waren.

44,20 **eine Elektrische:** eine mit Strom betriebene Straßenbahn.

44,22 **Cannebière:** La Canebière, eine Prachtstraße, die vom Alten Hafen in Marseille in nordwestliche Richtung führt.

45,13 **Turmes von Babel:** bezieht sich auf eine biblische Erzählung des Alten Testaments (1. Mose, 11,1–9): Um die Selbstüberhebung der Menschen, die einen Turm mit einer Spitze bis zum Himmel bauen wollten, zu strafen, stiftete Gott eine Sprachverwirrung, die den Turmbau stoppte, weil sich die Menschen nicht mehr miteinander verständigen konnten.

45,16 **Oran:** eine Küstenstadt im Westen Algeriens.

45,17 **Siam:** Land in Südostasien bis 1939, das zum großen Teil dem heutigen Thailand entspricht.

45,17 **Casablanca:** größte Stadt Marokkos.

45,17 f. **Dreimeilenzone:** ein drei Seemeilen langer Meeresstreifen entlang der Küste. Der äußere Rand begrenzt das Hoheitsgebiet eines Küstenstaates.

45,21 f. **Eisenbahnbrücke:** eigentlich gemeint: eine Eisenbrücke, die den Alten Hafen überspannte, Schwebebahn für Schiffslasten (›Eisenbahnbrücke‹ ist falsch).

45,23 **Rahen:** Querbalken aus Holz bei einem Segelschiff.

46,7 **Corniche:** Küstenstraße von Marseille.

46,20 **Neger:** seit dem 17. Jahrhundert eine Bezeichnung für dunkelhäutige, schwarze Menschen, die heute aufgrund ihrer negativen, herabsetzenden Wertung als rassistisch gilt.

46,33 **Espadrillen:** Leinenschuhe mit geflochtenen Bastsohlen.

49,10 **Visa de sortie:** Ausreiseerlaubnis.

50,20 **der Präfekt:** Verwalter einer Region.

50,30 f. **Stratosphäre:** (lat. *stratum* ›Decke‹, altgriech. *sphaira* ›Kugel‹), die zweite Schicht der Erdatmosphäre.

53,7 **der Belsunce:** Platz in Marseille.

57,1 **Wappen:** hier: das mexikanische Wappen. Seit 1822 zeigt es einen Adler, der eine Schlange hält, auf einem Kaktus auf einem Felsen in einem See. Geht auf eine Legende der Gründung der heutigen Mexiko-Stadt der Azteken zurück.

58,32 **Dossiers:** Akten.

59,19 **Ebro-Brigaden:** die Internationalen Brigaden (kommunistische Kämpfer auf Seiten der Republikaner im Spanischen Bürgerkrieg) hatten 1938 in der Schlacht am Ebro ihren letzten Kampfeinsatz.

62,4 **Flottille:** ein Marineverband aus mehreren Kriegsschiffen oder Booten.

64,7 **Fremdenlegionäre:** Soldaten aus verschiedenen Nationen, die angeworben wurden, um in der französischen Armee zu dienen.

64,21 **Burnus:** ein nordafrikanischer Kapuzenmantel für Männer.

64,27 f. **Urlaub aus dem Durchgangslager Les Milles:** ein 1939 errichtetes Internierungslager für ›unerwünschte Ausländer‹ im Süden Frankreichs. Von 1940–42 wurde es zum Transitlager ausgebaut für jene, die auswandern wollten und ein Visum in Aussicht hatten. Sie erhielten befristeten Urlaub, um in Marseille Behördengänge zu erledigen.

65,3 **deutsche Kommission:** Sie kontrollierte die Internierungslager in den unbesetzten Teilen des Landes, erfasste Juden in Listen und ließ sie in Vernichtungslager deportieren. Die Zustimmung der Kommission war Voraussetzung für die Erteilung des Ausreisevisums aus Frankreich. Damit riskierten viele ihre Verhaftung durch die Gestapo und flohen illegal.

65,3 **Sidi-bel-Abbès:** Hauptstadt im Nordwesten Algeriens, dort befand sich die Hauptgarnison der Fremdenlegion in Algerien.

65,19 f. **In der Heimat, in der Heimat:** »… da gibt's ein Wiedersehn«: Refrain eines Soldatenliedes »Nun geht's ans Abschiednehmen« von Hugo Zuschneid (1861–1932), Musik nach Friedrich Silcher.

66,22 **Joliette:** Quai in Marseille mit Überseehafenbecken. Allerdings wird der Alte Hafen seit dem 19. Jahrhundert nicht mehr als Überseehafen genutzt.

66,23 **Hangars:** große Lagerhallen.

66,27 **Arche Noah:** Nach dem Alten Testament, 1. Mose, 6–9, sollte Noah eine Arche bauen, in der er seine Familie und andere Lebewesen versammelte. Sie überlebten damit die Sintflut, die Gott zur Strafe über die Menschen verhängt hatte.

67,13 f. **Kobold:** ein schützender Hausgeist. Kommt oft in Sagen und in der Fantasy vor.

67,15 **Var:** ein Departement (Verwaltungsbezirk) im Südosten Frankreichs.

68,9 **süßen Banjuls:** Banyul: ein Likörwein aus Frankreich (Portwein).

68,13 **Mistral:** starker, kalter, trockener Nordwestwind in Südfrankreich.

68,18 f. **Kommis:** Handlungsgehilfe, kaufmännischer Angestellter.

69,21 **Deutschen die Landung in England:** Im Juli/August 1940 wurden deutsche Luftangriffe zur Vorbereitung der Invasion in England verstärkt. Die Invasion wurde im Oktober 1940 abgesagt.

69,22 **Russenpakt:** Nichtangriffspakt zwischen dem Deutschen Reich und der Sowjetunion. Von Kommunisten wurde er als Verrat empfunden, weil die Sowjetunion sie im Kampf gegen den Nationalsozialismus im Stich ließ und sie den Nazis auslieferte.

78,13 **Kuli:** hier: jemand, der dient, hilft.

78,26 **Quäkern:** Quäker: Mitglieder einer christlichen Gemeinde, im 17. Jahrhundert in England gegründet. Hier ist eine Hilfsorganisation in den USA und England gemeint, die sich vor allem für konfessionell nicht gebundene Flüchtlinge einsetzte.

78,27 **Hicem:** 1927 in Paris gegründete ›jüdische Flüchtlingshilfe‹, eine Hilfsorganisation vor allem für jüdische Flüchtlinge.

78,27 **Hayas:** hieß eigentlich HIAS, ebenfalls eine Hilfsorganisation, die Flüchtlinge materiell und bei der Beschaffung von Ausreisepapieren und Schiffspassagen unterstützte.

78,28 **Freimaurern:** Freimaurer sind den Idealen der Aufklärung verpflichtet und in sogenannten Logen (Vereinigungen) organisiert. Die erste entstand Anfang des 18. Jahrhunderts in Großbritannien.

79,5 **Stiege:** Treppe.

79,14 **Bompard:** Das Hotel Bompard fungierte als Internierungslager für Frauen.

79,17 f. **Spezereigeschäft:** Geschäft für Lebensmittel.

81,22 f. **letzte Fähre über den dunklen Strom:** Anspielung auf die griechische Mythologie: Der Fährmann Charon bringt die Toten mit seinem Boot über den Fluss Acheron in die Unterwelt.

85,10 **Dordogne:** ein Fluss im Südwesten Frankreichs, der mit der Garonne zusammen in den Atlantik mündet.

85,23 f. **Auslieferungsliste der Deutschen:** Im Waffenstillstandsabkommen zwischen Frankreich und Deutschland wurde festgelegt, dass die frz. Regierung auf Wunsch Deutsche ausliefern sollte, die sich in Frankreich, den Kolonien, frz. Besitzungen oder Mandatsgebieten befanden. Das Asylrecht war mit dem Artikel 19 aufgehoben.

90,24 f. **Oaxaca:** ein Bundesstaat in Mexiko mit der gleichnamigen Hauptstadt.

91,8 **Maternité:** hier: eine Entbindungsklinik.

91,9 **Clochards:** Pariser Bezeichnung für Obdachlose.

93,1 f. **Mont Vertoux:** hieß eigentlich Mont Ventoux.

94,10–12 **Tscheche ... um von dort nach England zu fahren:** 1939/40 gab es in Frankreich eine ›Légion Tchèque‹. Im Auslieferungslager Les Milles befanden sich Angehörige dieser Legion, die nach dem Waffenstillstand aufgelöst wurde. Der tschechische Konsul 1939–41 half, tschechische Freiwillige aus Frankreich herauszuschmuggeln. Sie sollten an der Seite der Engländer wieder kämpfen.

94,27 **Bagno:** Strafanstalt für Schwerverbrecher.

95,18 **phönizischer:** phönizisch: zu den Phöniziern gehörend, ein Volksstamm des Altertums, der an der Mittelmeerküste im heutigen Syrien und Libanon lebte. Die Phönizier kamen als Seefahrer an die Küste im Süden Frankreichs. Die Griechen gründeten 620–600 v. Chr. die Siedlung ›Massalia‹ (lat. ›Massilia‹), das heutige Marseille. Sie wurde 49 v. Chr. von den Römern erobert.

95,19 **kretischer:** kretisch: aus Kreta stammend. Auch Kreta war eine Seemacht, die ihre Schiffe ins Mittelmeer sandte.

100,7 **Admiral Darlan:** französischer Admiral und Politiker, handelte den Waffenstillstand von Compiègne am 22. Juni 1940 aus.

100,8 f. **tripolitanischen Grenze:** Grenze zu Tripolis, der Hauptstadt Libyens, die seit 1922 unter dem italienischen Kolonialregime faschistisch wurde. War seit September 1940 Kriegsgebiet zwischen Italien und Großbritannien.

100,9 **Hafen Biserta:** eine im Norden Tunesiens gelegene Hafenstadt und französischer Flottenstützpunkt.

100,10–12 **die Deutschen … den Süden Frankreichs besetzen:** Die deutsche Besetzung der Südzone erfolgt im November 1942.

104,11 **Affidavit:** Visa für die USA erforderten zwei Bürgschaftserklärungen: eine materielle, in der der Bürge die Gewähr bietet, dass der Antragsteller dem Lande nicht zur Last fällt, und eine moralische, in der für die politische und moralische Unbeflecktheit gebürgt wurde (kein Kommunist, keine Vorstrafen).

104,23 f. **Klipper:** ein Segelschiff; im 19. Jahrhundert ein Schnellsegler.

106,16 **Krypta:** eine unterirdische Grabstätte und ein Aufbewahrungsort für Reliquien in Kirchen.

106,18 **Kapitäle:** Säulenköpfe.

107,6 **gestäupt:** abgeleitet vom Verb ›stäupen‹: auspeitschen, mit Ruten schlagen. Nimmt Bezug auf eine Stelle in Paulus' Brief an die Korinther (Neues Testament, 2. Korinther, 11,25): »ich bin dreimal gestäupt, einmal gesteinigt, dreimal habe ich Schiffbruch erlitten«.

108,10 **Cours d'Assas:** Platz in Marseille.

111,22 **Phantomschiffe:** Schiffe, die nicht existieren.

111,22 **Export-Line:** Schifffahrtsgesellschaft.

113,9 **innere Disposition:** innere Bereitschaft.

113,14 **Ein Kargo:** hier: Frachtschiff.

113,15 **Fort de France:** Hauptstadt der Antilleninsel Martinique, ein Übersee-Department Frankreichs.

114,19 **Kanzler:** steht im diplomatischen Dienst, leitet die Verwaltung einer Auslandsvertretung.

116,6 **drapiert:** mit einem kunstvoll gefalteten Stoff behangen.

116,6 **Schärpen:** Schulterbänder; bei Politikern in den Nationalfarben des Landes.

118,4 **Rotte:** Horde.

118,6 f. **ein Kalb für die verlorenen Söhne schlachten:** Spielt auf das biblische Gleichnis vom verlorenen Sohn an (Neues Testament, Lukas, 15,11–32). Als der verloren geglaubte Sohn aus der Fremde, wo er sein Gut durchgebracht hat, zurückkehrt, nimmt der Vater ihn wieder auf und lässt ihm zu Ehren ein Kalb schlachten.

118,16 **Volksgemeinschaft:** Nach dem Verständnis des Nationalsozialismus wurde ausgegrenzt und als Feind vernichtet, wer nicht zur deutschen Volksgemeinschaft gehörte. Aufgrund des Nürnberger Gesetzes von 1935 gehörten Juden nicht zur deutschen Volksgemeinschaft und konnten daher nicht deutsche Staatsbürger sein.

118,18 **mittlere Chargen:** mittlere Dienstgrade beim Militär.

120,17 **Bouches-du-Rhône:** Departement (Verwaltungsbezirk) im Südosten Frankreichs mit der Präfektur Marseille. Der Sitz des Präfekten war in Marseille.

120,22 **Gurs:** ein Internierungslager in der Ortschaft Gurs in Südfrankreich, am Nordhang der Pyrenäen. Es wurde 1939 für Spanienkämpfer, französische Kommunisten, politische Häftlinge eingerichtet. Ab 1940 wurden Ausländer und deutsche und französische Juden in Gurs inhaftiert. 1942–43 wurden insgesamt 3907 Internierte von hier nach Auschwitz deportiert. Das Lager wurde im Dezember 1945 aufgehoben.

120,22 **Vernet:** Internierungslager in den französischen Pyrenäen von 1939–45.

120,25 **Drapierungen:** Schmückungen, Verzierungen.

121,28 **Kanonenfutter:** sinnloser Einsatz von Soldaten mit hohen Verlusten.

122,4 **Zigeunerin:** Zigeuner: Dieser Ausdruck für ethnische Gruppen wie Roma und Sinti wird heute aufgrund seiner abwertenden Bedeutung abgelehnt.

122,27 **Tanger:** marokkanische Hafenstadt an der Straße von Gibraltar.

123,3 **Gibraltar:** ein britisches Überseegebiet, das auf einer Landzunge im Süden Spaniens liegt.

123,29 **Apéritif:** ein alkoholisches Getränk vor dem Essen.

125,1 **Kontrakt:** Vertrag.

127,17 **Mulatten:** Menschen mit einem ›schwarzen‹ und einen ›weißen‹ Elternteil. Eine diskriminierende Bezeichnung aus der Kolonialzeit.

128,17 f. **Transports Maritimes:** eine Schifffahrtsgesellschaft.

128,20 **Lizenz:** Erlaubnis.

136,27 **Ajaccio:** Hafenstadt der Insel Korsika, die zu Frankreich gehörte.

140,31 f. **Edikt der Kaiserin Maria Theresia:** Die österreichische Kaiserin Maria Theresia war verantwortlich für die Judenvertreibung aus Prag und Wien 1743/44.

143,25 **Badajos:** Massenerschießungen in der Arena der westspanischen Stadt Badajoz nach ihrer Eroberung am 14. August 1936 durch Soldaten des Franco-Regimes; Kriegsverbrechen der Truppen von Diktator Franco.

144,4–6 **Wer die Lampe hat … dem gehorcht der Geist der Lampe:** bezieht sich auf das Märchen *Aladin und die Wunderlampe* aus der Märchensammlung *Tausendundeine Nacht.* Aladin besitzt eine Lampe, die jedem gehorcht, der sie besitzt, sie erfüllt dessen Wünsche.

144,25 **Konvokation:** (lat. Verb *con* ›zusammen‹, *vocare* ›rufen, zusammenrufen‹) Vorladung.

145,20 **Cinzano:** ein italienischer Weinapéritif.

154,31 f. **Dispositionen:** Disposition: Verfügenkönnen über etwas.
156,12 **Beaumont:** ein Viertel in Marseille.
161,27 **SA-Stiefeln:** Stiefel der Sturmabteilung (SA), eine paramilitärische Kampfeinheit der NSDAP.
162,10 **Orakel von Delphi:** eine Kultstätte nahe der Stadt Delphi im antiken Griechenland, auf der Weissagungen verkündet wurden.
164,5 **Brûleurs des Loups:** Der Name bezieht sich auf die Pfeife der alten Matrosen, die Loup de mer (Seewolf), die sie *brûleur* nennen.
164,9 f. **Vichy-Agenten:** Spione des Vichy-Regimes.
166,27 f. **Pistolero:** ein Revolverheld.
168,23 f. **J'espère que cela ne te fait plus du mauvais sang:** (frz.) »Ich hoffe, dass dir das keine Sorgen mehr macht.«
168,29 **Passy:** eine französische Gemeinde nahe Paris.
169,21 **Brigadenmajor:** Stabschef einer Brigade (der kleinste Verband eines Heeres).
169,23 f. **Absurditäten:** Widersinnigkeiten.
169,26 **Inquisitionsgericht:** diente seit dem 13. Jahrhundert der Bekämpfung und Verurteilung von Ketzern.
170,27 f. **westlichen Hemisphäre:** Erdhalbkugel mit Teilen Europas, Amerika, Westafrika, großen Teilen des Atlantiks und des Pazifiks.
171,2 f. **Imaginationen:** Vorstellungen.
171,10 **revidierte:** abgeänderte, korrigierte.
175,18 f. **weißbandagiertes:** weiß umbunden.
178,1 **Wiesenschaumkraut:** eine Pflanzenart, wächst oft in Feuchtwiesen.

179,25 **Ehrenlegion:** französischer Verdienstorden.

180,4 f. **eine mit schwarzen ... Tüchern verbrämte Tür:** Zeichen des Todes.

182,29 f. **gaullistischen Unruhen:** Gaullistisch steht für die Résistance / den Widerstand. General Charles de Gaulle war 1940 Unterstaatssekretär im Kriegsministerium. Er rief am 18. Juni 1940 von London aus alle Franzosen zur Fortsetzung des Krieges und zum Widerstand gegen die deutschen Besetzer und das Vichy-Regime auf.

184,17 **ins Zeug flicken:** jdm. etwas anhängen.

192,1 **Eisenstäbe:** Gemeint sind die Eisenstäbe der 90 m hohen Stahlkonstruktion, die den Alten Hafen überspannt, den *Pont transbordeur*. An Stahlseilen, die von der Brücke herabhängen, hängt eine Gondel, die als Fähre die beiden Hafenseiten verbindet.

192,4 **Jardin des Plantes:** botanischer Garten.

192,17 **Wegelagerer:** eine Person, die am Wegesrand jemandem auflauert, um ihn auszurauben.

193,31 **Malgaschneger:** *Malgaches* (frz.) waren die Einwohner Madagaskars.

197,9 **Anis:** hier: ein Likör mit Lakritzgeschmack.

197,23 **das Wasser, das Moses aus dem Felsen geschlagen hatte:** Nach der Flucht aus Ägypten schlägt Moses in der Wüste auf Geheiß Gottes mit dem Stab einen Felsen, der darauf Wasser gibt (Altes Testament, 4. Mose, 20,1–13).

198,33 **räudigen Haus:** runtergekommenen Haus.

200,12 **Fine:** feiner Kognak.

204,10 **Abfahrtsspesen:** Ausgaben, die für die Abfahrt erbracht wurden und ersetzt werden.

204,16 **en gros:** in großen Mengen.

207,24 **Ballonhüllen:** für Fallschirme von Fallschirmfliegern.

209,17 **Portbou:** der erste Grenzort hinter der spanischen Grenze.

211,3 f. **Die Toten … würden längst von ihren Toten begraben sein:** In der Bibel (Neues Testament, Matthäus 8,22) sagt Jesus zu einem Jünger, der zuvor seinen Vater begraben will: »Folge du mir und lass die Toten ihre Toten begraben.«

212,12 **Kommunion:** Empfang der heiligen Hostie (Gabe von Brot und Wein, die für den Leib und das Blut Christi stehen) und Aufnahme in die Gemeinschaft der Gläubigen.

214,24 **Diana:** in der römischen Mythologie die Göttin der Jagd, sie ist begleitet von Jagdhunden.

214,30 **Leumundszeugnis:** ein Führungszeugnis.

215,21 **mumifiziert:** ein toter Körper, der durch bestimmte Verfahren haltbar gemacht ist.

215,29 **Unbill:** Unrecht, Übel.

216,9 **Konsulatsarzt:** Für die Erlangung des Einwanderungsvisums in die USA war ein medizinisches Gutachten über den Gesundheitszustand eines Flüchtlings erforderlich.

217,7 **Scheckschwindel:** einen falschen Scheck ausstellen.

222,19 **noch im Staate Litauen:** Das Dorf liegt im ehemaligen Grenzgebiet zwischen Polen und Litauen. Mit dem Hitler-Stalin-Pakt 1939 wurde Litauen der sowjetischen Einflusssphäre zugeschlagen und am 15. Juni

1940 von der Roten Armee besetzt. Die litauische Sozialistische Sowjetrepublik (SSR) wurde am 21. Juli 1940 gegründet und trat kurz danach der Sowjetunion bei. Nach Beginn des Deutsch-Sowjetischen Krieges am 22. Juni 1941 wurden Litauen und das litauische Grenzgebiet innerhalb einer Woche von den Deutschen besetzt. Von 1941 bis 1944 war Litauen von der Wehrmacht besetzt und gehörte zum Reichskommissariat Ostland. Zum Zeitpunkt, an dem der Mittransitär seine Geschichte erzählt, am 8. Januar 1941, war Litauen noch sowjetisch. Eine Unstimmigkeit im Roman.

223,16 **Aix:** Eine deutsche Kommission mit einer Delegation des Deutschen Roten Kreuzes hatte ihren Sitz in Aix-en-Provence, einer südfranzösischen Stadt. Dazu gehörte auch ein Beauftragter für Deutsche, die zurückkehren wollten.

223,20 **Märchen vom toten Mann:** eine Anspielung auf die Türhüterlegende »Vor dem Gesetz« aus Franz Kafkas Roman *Der Prozess* (1925).

227,2 **östlichen Hemisphäre:** östliche Erdhalbkugel mit Asien und Afrika.

227,11 **von Ewigkeit zu Ewigkeit:** In der Offenbarung des Johannes (Neues Testament, Offenbarung, 4,9) heißt es »der auf dem Thron saß, der da lebt von Ewigkeit zu Ewigkeit«.

228,6 f. **sperrte man alle Fremden ein:** Angehörige von Ausländern, die in der französischen Armee dienten, konnten aus den Lagern entlassen werden.

228,30 f. **Fort Saint-Jean:** eine Festung am Eingang zum Alten Hafen in Marseille.

228,33 **Ohne Rast und Ruh:** sich keine Pause gönnen, immer in Bewegung, Parole der Legion; 6. Vers der 1. Strophe des Gedichts von Goethe »Rastlose Liebe« (1776).

229,3–6 **Steinklötze … hinaufwälzen … ins Meer zurückwerfen:** Anspielung auf Sisyphos, Figur der griechischen Mythologie, die zur Strafe einen Felsblock auf die Spitze eines Berges rollen muss, der, oben angekommen, wieder ins Tal zurückrollt.

229,15 f. **doch diese tausend Jahre waren vergangen wie ein Tag:** Im Alten Testament, Psalm 90,4, dem Gebet Moses von der Ewigkeit Gottes und der Vergänglichkeit des Menschen, heißt es: »Denn tausend Jahre sind vor dir wie ein Tag, der gestern vergangen ist, und wie eine Nachtwache.«

229,17 **pferchte:** einpferchen: auf engem Raum einsperren.

231,3 **Fort Saint-Paul:** Festung in Algerien.

231,18 **italienischen Grenze:** Grenze zu Tripolitanien, im Nordwesten Libyens, das vom faschistischen Italien beherrscht wurde.

231,23 f. **in die Wüste … vierzig Jahre lang wie in der Bibel:** Nach ihrem Auszug aus Ägypten wanderten die Israeliten 40 Jahre lang durch die Wüste in das gelobte Land Kanaan, das Gott dem Volk Israel als eigenes Land versprochen hat (Altes Testament, 3. und 4. Buch Mose).

233,10 **Ordre de la Nation:** Militärische nationale Auszeichnung.

248,21 f. **Erniedrigten und beleidigten Eindruck:** Eine Anspielung auf den Roman *Erniedrigte und Beleidigte* (1861) von Fjodor Dostojewski.

250,29 **von einem Walfisch verschluckt werden:** Spielt auf die biblische Geschichte vom Propheten Jona an, dem Gott einen Walfisch schickt, nachdem er ins Meer geworfen worden war. Der verschluckte ihn und spuckte ihn nach drei Tagen an Land wieder aus (Altes Testament, Jona, 2).

252,8 **Hotel Splendide:** Sitz des ERC (Emergency Rescue Committee), eine Hilfsorganisation, die Varian M. Fry geleitet hat.

254,22 **Flößer:** Person, die gefällte Baumstämme auf Flüssen oder Seen gezielt bis zu Werften oder Holzplätzen treibt/lenkt.

255,27 f. **der Dornbusch, in dem Gott:** Moses erschien Gott am Berg Horeb in einem brennenden Dornbusch (Altes Testament, 2. Mose, 3).

259,5 **Hartspiritus:** Brennspiritus (reiner Alkohol), der in ein festes Gel überführt wurde.

259,6 **Kaffee-Ersatz:** ähnelt dem Bohnenkaffee, wird allerdings aus Pflanzen, die kein Koffein enthalten, hergestellt wie Malz, Getreide.

262,33 **Ariernachweis:** Nachweis deutscher Abstammung im Nationalsozialismus. Das brasilianische Einwanderungsgesetz von 1938 forderte für die Visa-Erteilung einen Taufschein.

268,31 **Bouillabaisse:** eine südfranzösische Fischsuppe, die aus Marseille stammt.

269,3 **Hund im Märchen:** Möglicherweise eine Anspielung auf Hans Christian Andersens Märchen *Das Feuerzeug*, in dem drei Hunde vorkommen, deren Augen so groß wie ein Paar Teetassen, ein Paar Mühlräder und ein Turm sind.

271,21 **von Furien geschüttelten:** Rachegöttinnen der römischen Mythologie, rasende/wütende Frauen; im übertragenen Sinn: wütend, rasend.

272,22 **Rieucros:** ein französisches Internierungslager in der Stadt Mende, ab November 1939 nur noch für Frauen.

272,22 **Argelès:** ein Lager, das im Februar 1939 nahe der Mittelmeerküste für spanische Flüchtlinge errichtet wurde.

279,3 **Ghetto:** ein abgesondertes Wohnviertel für die jüdische Bevölkerung im 16. Jahrhundert in Italien. Unter den Nationalsozialisten Haftlager für deportierte Juden im besetzten Polen und Tschechien.

279,22 **Bresche:** Lücke.

280,11 **Zivilkommissar:** ein Staatsbeamter, der während des Krieges in einem besetzten Gebiet die Zivilverwaltung übernimmt.

281,11 **Blut und Boden:** Eine Ideologie der Nationalsozialisten, die zwischen 1933 und 1945 Teil der politischen Praxis wurde. Das Blut (Zugehörigkeit zu einer Rasse) war entscheidend für den Landbesitz und wurde zur Rechtfertigung für die Ausdehnung in den Osten, um einen neuen Lebensraum (Boden) für das deutsche Volk zu gewinnen.

289,14 **die Source:** ein Café.

290,30 f. **Titre de Voyage:** ein Reiseausweis für Staatenlose; ersetzt den Pass.

292,28 f. **etruskisches:** etruskisch: zu den Etruskern gehörig, einem antiken Volk im nördlichen Mittelitalien 800 v. Chr. bis ins 1. Jahrhundert nach Christi.

293,26 f. **Partitur:** Aufzeichnung einer vielstimmigen Komposition in Notenschrift.

10. Prüfungsaufgaben mit Lösungshinweisen

Aufgabe 1: Charakterisierung der weiblichen Hauptfigur

Arbeitsauftrag: Charakterisieren Sie die weibliche Hauptfigur Marie unter Berücksichtigung ihres Handelns, Verhaltens und ihrer Beziehungen zu Männern.

Lösungshinweise

Allgemeine Anforderungen

Das Erfassen der charakteristischen Merkmale der Frauenfigur und des Beziehungsgeflechts ist grundlegend für das Verständnis des Romans und fordert die Analyse einzelner Textstellen und ihre Bewertung im Gesamtzusammenhang. Informationen zu den inneren (Ziele, Wünsche, Einstellungen, Moral) und äußeren Merkmalen (Aussehen, Alter, Beruf, sozialer Status) und zu ihren Männerbeziehungen werden explizit im Text genannt oder sie sind implizit gegeben und müssen aus dem Handeln und Verhalten der Figur erschlossen werden.

Inhaltliche Aspekte

Marie ist eine junge attraktive Frau, die auf Männer wirkt. Sie entspricht dem Typ der kindlichen Frau (S. 130), zerbrechlich, ängstlich, wenig selbstbewusst und schutzbedürftig.

Sie war Weidel einst gefolgt, weil er sie mit seiner Bildung beeindruckt hat, äußerlich fand sie ihn nicht ansprechend. Er war älter als sie und ihr sozial und intellektuell überlegen; materiell war sie von ihm abhängig. Sie hat Rücksicht auf seine Arbeit genommen und ihn allein gelassen, damit er in Ruhe schreiben kann. Als die Wehrmacht näher rückte und sie ihn in seinem alten Quartier nicht fand, fühlte sie sich verlassen und hatte Angst. Daher nahm sie das Angebot des Arztes, sie auf der Flucht mitzunehmen, an.

Zum Arzt hat sie Vertrauen, weil er gut zu ihr ist und sie beschützt. Sie hat ein schlechtes Gewissen, dass sie seine Abreise aufhält, weil sie ihren Mann sucht (S. 148). Aber sie schämt sich auch wegen ihrer Untreue gegenüber Weidel.

Dem Erzähler ist sie zugetan. Ihre Körpersprache (den Kopf an seine Schulter lehnen, S. 176 f.; Hände halten, S. 240) signalisiert, dass sie sich von ihm angezogen fühlt und ihm vertraut, aber offensichtlich erwidert sie seine Liebe nicht. Zwischen ihnen steht der Tote. Die Hilfe des Erzählers bei der Beschaffung von Visa nimmt sie in Anspruch.

Maries Leben, Handeln und Denken ist von der Suche nach ihrem Mann bestimmt, an den sie innerlich gebunden ist. Die Ämter und Gerüchte bestätigen ihr, dass er lebt und sich in Marseille aufhält. Ruhelos irrt sie durch Marseille, um ihn zu suchen. Die Wahrheit, dass er tot ist, will sie nicht hören und wehrt sie gestisch mit erhobenen Händen ab (S. 149). Auf Nachforschungen nach ihm verzichtet sie.

Aufgabe 2: Analyse der Erzählsituation

Arbeitsauftrag: Beschreiben Sie die Erzählsituation zu Beginn des Romans unter folgenden Aspekten: Erzählform, Erzähler, Erzählgegenstand, Funktion, Unterscheidung von Rahmen und Binnengeschichte.

Lösungshinweise

Allgemeine Anforderungen

Für die Ausführung der Aufgabe ist erzähltheoretisches Wissen über den Erzähler, erzählerische Motivation, Adressatenbezug, Erzählgegenstand und die Unterscheidung zweier Erzählebenen erforderlich.

Inhaltliche Aspekte

Es liegt eine Ich-Erzählform vor, d. h. der Erzähler ist zugleich eine Figur in der erzählten Welt und erzählt von Selbsterlebtem.

Der Ich-Erzähler erzählt rückblickend von seinen Erlebnissen (erzählendes Ich) und macht sein Ich zu einem früheren Zeitpunkt seiner Lebensgeschichte zum Erzählgegenstand (erzähltes, erlebendes Ich).

In einer Pizzeria im Frühjahr 1941 wendet er sich an einen Unbekannten und lädt ihn ein, sich zu ihm zu setzen. Er möchte ihm seine Geschichte von Anfang bis Ende erzählen. Er inszeniert eine mündliche Erzählsituation und eröffnet damit einen Rahmen, der geschlossen wird, wenn der Erzähler seine Geschichte beendet hat und wieder in der Erzählgegenwart angekommen ist. Am Ende fallen erzählendes Ich und erlebendes Ich zusammen.

Die Funktion der Erzählsituation besteht darin, dass der Erzähler bisher Erlebtes klären und abschließen möchte. Das Erzählen wird zu einem Prozess, in dem er sein Leben und seine brüchige Identität wieder zusammensetzt, bis er am Ende bei sich selbst angekommen ist.

Der Erzähler unterbricht wiederholt seine Erzählung und wendet sich an den Zuhörer, der selbst stumm bleibt. Er unterstellt ihm eine Vertrautheit mit der Situation, kommentiert den eigenen Erzählvorgang, entschuldigt sich für Abschweifungen und kündigt Wichtiges an.

Der Roman umfasst zwei Erzählebenen: die Rahmenerzählung und die Binnengeschichte. Der Rahmen wird mit der mündlichen Erzählsituation eröffnet und er wird geschlossen, wenn der Erzähler alles erzählt hat.

Erzählgegenstand sind die Erlebnisse und Erfahrungen des Ich-Erzählers. Rückblickend erzählt er von seiner Flucht, dem Kampf der Flüchtlinge um Ausreisepapiere, der Übernahme der Identität des toten Weidel und seiner Liebe zu Marie. Eingebettet in seinen Bericht sind Begegnungen, Gespräche und Geschichten, die ihm andere erzählen (der Legionär, der Mittransitär, die Frau mit den Hunden, der Kapellmeister).

Aufgabe 3: Bestimmung der Bedeutung von »Transit«

Arbeitsauftrag: Erläutern Sie, was »Transit« im Roman bedeutet und welcher Zusammenhang zwischen der Exilsituation und Transit besteht.

Lösungshinweise

Allgemeine Anforderungen

Unter Berücksichtigung der Zeitgeschichte 1940/41 sind die Figuren, ihr Leben, Orte, sprachliche Bilder, die Bürokratie und Geschehnisse unter dem Aspekt zu analysieren, wieweit in ihnen das Thema »Transit« erzählerisch umgesetzt ist.

Inhaltliche Aspekte

»Transit« bedeutet wörtlich Durchreise (lat. *trans* ›durch‹, *ire* ›gehen‹) und meint Durchqueren eines Landes auf dem Weg zu einem Zielland. Dafür wird ein Transitvisum benötigt.

1940/41 halten sich in Marseille viele Flüchtlinge auf, die vor den Nazis und den deutschen Truppen geflüchtet sind und denen nach dem Waffenstillstandsabkommen Auslieferung, Haft, Deportation, Lager und Tod drohen. Sie wollen fort und hoffen auf eine rettende Schifffahrt. Ihr Handeln und ihre stete Bewegung in Marseille sind vom Kampf um Ausreisepapiere und eine Schiffspassage bestimmt.

Eine machtvolle und undurchsichtige Bürokratie stellt immer wieder neue Hürden bei der Beschaffung von Ausreisepapieren auf. Ihre Vertreter wenden Mechanismen der Ausgrenzung von Emigranten an.

Marseille ist kein Ort des Bleibens, sondern des Übergangs, ein Transit-Ort. Auch die Cafés, Hotels und Behörden, zwischen denen sich die Flüchtlinge bewegen, sind flüchtige Orte, an denen sie sich nur vorübergehend aufhalten. Die räumliche Struktur des Romans charakterisiert die Exilsituation der Flüchtlinge als transitär.

Die Sicht des Ich-Erzählers auf die Flüchtlinge ist abwertend und abgrenzend. Er verachtet ihr gehetztes Leben und beschreibt sie in mythologischen Bildern als Tote und abgeschiedene Seelen zwischen Leben und Tod, deren Reise ins Totenreich führt.

Die Flüchtlinge leben in einem Zwischenbereich, einem Übergang in ein anderes Land. Sie haben ihr früheres Leben und ihre Heimat verloren, sind entwurzelt und in ihrer Identität gefährdet. Ihre Exilsituation ist als ein Transit / ein Dazwischen charakterisiert.

11. Literaturhinweise/Medienempfehlungen

Textausgabe

Anna Seghers: Transit. Roman. Berlin: Aufbau, [7]2021.

Werkausgabe

Anna Seghers: Werkausgabe. Hrsg. von Helen Fehervary, Bernhard Spies und Carsten Jakobi. Berlin: Aufbau, 2000 ff. [noch nicht abgeschlossen].

Biografie

Zehl Romero, Christiane: Anna Seghers. Eine Biographie. 1900–1947. Berlin: Aufbau, 2000.

Zehl Romero, Christiane: Anna Seghers. Eine Biographie. 1947–1983. Berlin: Aufbau, 2003.

Erläuterungen

Schuster, Jörg: *Transit* (engl. 1944; dt. 1948). In: Anna Seghers-Handbuch. Leben – Werk – Wirkung. Hrsg. von Carola Hilmes und Ilse Nagelschmidt. Berlin: Metzler, 2020. S. 83–88.

Thurner, Christina: Der andere Ort des Erzählens. Exil und Utopie in der Literatur deutscher Emigrantinnen und Emigranten 1933–1945. Köln/Weimar/Wien: Böhlau, 2003.

Walter, Hans-Albert: Anna Seghers' Metamorphosen.

Transit – Erkundungsversuche in einem Labyrinth. Frankfurt a. M. / Olten / Wien: Büchergilde Gutenberg, 1984.

Wilhelmer, Lars: Transit-Orte in der Literatur. Eisenbahn – Hotel – Hafen – Flughafen. Bielefeld: Transcript, 2015. [Zu *Transit*: S. 186–217.]

Winckler, Lutz: Eine Chronik des Exils. Erinnerungsarbeit in Anna Seghers' *Transit*. In: Katastrophe und Gedächtnis. Hrsg. von Thomas Klinkert und Günter Oesterle. Berlin/Boston: De Gruyter, 2014. S. 148–166.

Mediale Adaptionen

Theaterstück

Volker Braun: *Transit Europa*. Uraufführung am 30. Januar 1988 am Deutschen Theater in Berlin unter der Regie von Friedo Solter.

Verfilmungen

Fluchtweg nach Marseille. TV-Sendung mit dem Untertitel *Bilder aus einem Arbeitsjournal (1977) zu dem Roman Transit (1941) von Anna Seghers* von Ingemo Engström und Gerhard Theuring. Uraufgeführt am 12. 10. 1977 in Mannheim.

Transit Marseille. Regie von Norbert Beilharz nach Motiven des Romans, ausgestrahlt am 19. 11. 1985 im ZDF.

Transit. Vom französischen Filmemacher René Allio, ausgestrahlt im ZDF am 25. 8. 1991.

Transit. Ein deutsch-französischer Spielfilm von Christian Petzold (2018).

Hörspielbearbeitungen

Anna Seghers: *Transit.* Regie: Wolf Euba. Mit Peter Lieck u. a. Produktion: BR / RIAS Berlin / NDR 1983. CD-Edition: Der Audio Verlag 2007.

Hörbuch

Wirkliche Leben in verlorenen Ländern. Anna Seghers liest die Erzählung *Das Schilfrohr* sowie aus den Romanen *Transit* und *Das siebte Kreuz* und spricht *Über die Aufgaben des Schriftstellers in unserer Zeit.* 2 CDs. Der Hörverlag 2000.

12. Zentrale Begriffe und Definitionen

Emigrant: Auswanderer, hat das Land seiner Herkunft freiwillig verlassen, um woanders zu leben. Er wandert aus, ohne die Absicht zurückzukehren.

➤ S. 43, 66

Emigration: (lat. *ex* ›hinaus‹, *migrare* ›wandern‹) Auswanderung in ein anderes Land, die auf einer freien Entscheidung beruht. Bis 1937 war diese Bezeichnung auch für das Exil gebräuchlich.

➤ S. 41

Exil: (lat. *exilium* ›Verbannung‹) ein Aufenthalt, Zufluchtsort für politisch, religiös, rassisch Verfolgte. Das Exil ist erzwungen, nicht freiwillig und ist auf Rückkehr in die Heimat angelegt.

➤ S. 8, 37 f., 44 f., 47, 50, 62, 84, 93

Exilant: (lat. *exul* ›der Verbannte‹) der politisch, religiös, ethnisch Vertriebene. Lebt in einem fremden Land, das ihm Zuflucht/Asyl gewährt.

➤ S. 7, 12, 32, 44, 89

fingiert: von ›fingieren‹, erfinden.

➤ S. 58

fiktiv: nicht real, sondern erdacht/erfunden.

➤ S. 30, 58

Flüchtling: Jemand, der sein Land aufgrund eines Krieges, einer lebensbedrohlichen Notlage oder aus politischen Gründen verlässt. Aus Furcht vor Verfolgung (Rasse, Religion, Not, politische Überzeugung).

➤ S. 9, 29, 92

Ich-Erzähler: Tritt als Erzähler und Figur in der erzählten

Welt auf. Das erzählende Ich blickt zurück auf frühere Erlebnisse und Geschehnisse und macht sein Ich in seinem früheren zeitlich-räumlichen Zusammenhang mit Verwicklungen und Beziehungen zum Erzählgegenstand (= erzähltes, erlebtes Ich).

➤ S. 8, 34, 119

Intertextualität: Verbindung eines Textes mit anderen Texten durch Zitate, Anspielungen und Verweise auf Figuren, Orte und Szenen dieser Texte.

➤ S. 41

Migrant: Jemand, der in einem neuen Land leben möchte, oft aus wirtschaftlichen Gründen.

➤ S. 92

Migration: Wanderbewegungen menschlicher Gruppen aufgrund wirtschaftlicher, sozialer Zwänge oder Naturkatastrophen.

➤ S. 49, 92

Montage: Zusammenfügung unterschiedlicher Texte und Stile in Film/Literatur wie Reklame, Zeitungstexte, Bibelverweise, Alltagssprache.

➤ S. 68 f.

Pogrome: Ausschreitungen gegenüber der jüdischen Bevölkerung.

➤ S. 64

Sozialistischer Realismus: ein literaturtheoretisches Konzept, wurde zur offiziellen Richtlinie für Literatur/Kunst der DDR. Der Künstler sollte die Wirklichkeit wahrheitsgetreu, historisch-konkret darstellen (Realismus) und ihre Veränderung in Richtung einer klassenlosen, sozialistischen Gesellschaft in Handlung und Figuren sichtbar machen (sozialistisch). Dazu gehörten ein neuer Heldentyp, Parteilichkeit und Volksverbundenheit.

➤ S. 70

Transit: (lat. *trans* ›durch‹, *ire* ›gehen‹) ein Durchgang; mythologisch: *transitus* im Kirchenlatein: der Übergang in eine andere Welt nach dem Tod.

➤ S. 13, 36 f., 44 f., 89